国家社科基金项目"零形素句法研究——对汉英'意合–形合'类型性差异的句法学阐释"（编号12BYY006）

国家留学基金委资助出国留学项目（编号201308440003）

汉语意合现象
和零形素句法

程　杰◎著

中国社会科学出版社

图书在版编目(CIP)数据

汉语意合现象和零形素句法/程杰著. —北京:中国社会科学出版
社,2017.6
ISBN 978 - 7 - 5161 - 8645 - 9

Ⅰ.①汉…　Ⅱ.①程…　Ⅲ.①汉语—语法分析②汉语—句法—研究
Ⅳ.①H14

中国版本图书馆 CIP 数据核字(2016)第 174941 号

出 版 人　赵剑英
责任编辑　郭晓鸿
特约编辑　席建海
责任校对　闫　萃
责任印制　戴　宽

出　　　版　中国社会科学出版社
社　　　址　北京鼓楼西大街甲 158 号
邮　　　编　100720
网　　　址　http://www.csspw.cn
发 行 部　010 - 84083685
门 市 部　010 - 84029450
经　　　销　新华书店及其他书店

印刷装订　北京鑫正大印刷有限公司
版　　　次　2017 年 6 月第 1 版
印　　　次　2017 年 6 月第 1 次印刷

开　　　本　710×1000　1/16
印　　　张　12.75
插　　　页　2
字　　　数　203 千字
定　　　价　48.00 元

目　录

前　言

魏晋时期玄学辩论的主题之一是言意关系，其重要观点之一是言不尽意。言不尽意的思想始于老子。《老子》开章明义，"道可道，非常道；名可名，非常名"，表达了对语言局限性的认识。有限的"言"和"象"难以完全表达无限复杂的"意"，汉语的"意合"之说依此产生。语句组建要靠"形"（即"言"和"象"），即为"形合"；语句组建要靠"意"，即为"意合"。汉语是一种"意合"语言，这是当今汉语言学界的主流观点。

对于汉语"意合"之根源的认识，古人已知这是语言形式手段（即"言"和"象"）的有限性或局限性造成的。但很多现代学者认为，汉语"意合"乃中国传统文化使然。比如中国诗、书、画推崇一种"留白"的艺术手段，追求一种"朴素而天下莫能与之争美"（庄子语）和"不著一字而尽得风流"（司空图语）的理念。在语言表达方面，汉语语句的凝练、模糊和玄虚被认为是源于道家"有无相生""无为而治"思想的自觉追求，即用最简单的形式传达最大限度的信息。

可见，人们对于汉语"意合"的根源有两种不同的认识：一是语言形式的局限性；一是"留白"文化传统。一个值得探讨的问题是，形式有限、"意合"构句和"留白"文化到底是一种怎样的因果关系？在我看来，至少"留白"文化不大可能是"意合"构句的理据。追求"境生象外"的"留白"美学并不是中国的独门绝技，西方接受美学也讲究通过"留白"去唤起联想、扩展意义和激活意象，而印欧语言多以"形合"为特征。几年来，我一直在思考另一种可能性，即汉语的"意合"现象是汉语表达形式的有限性或局限性造就的。这是一种视角的转换，即从语言外因素转向语言本体，通过探析汉语的形式系统来审视其"意合"构句现象。

我的想法有幸得到了 2012 年国家社科基金（编号 12BYY006）立项，研究得以"名正言顺"地展开。我搜集和研读了不少文献，逐渐厘清了其中一些关键的问题，形成了关于汉语"意合"现象的初步论点，也明晰了研究和写作的思路。2014 年我又有幸得到国家留学基金（编号 201308440003）的资助，来到美国马里兰大学语言学系访学。年至七旬的生成语言学家和句法理论发展的主要推动者之一 Howard Lasnik 教授作为我的合作导师，言传身教，给我很大帮助、鼓励和指导，使我更加自信地在最简句法理论的框架下来讨论和阐释汉语"意合"现象。历时几月，终于完成了《汉语意合现象和零形素句法》书稿。再经商讨，决定把书稿交由中国社会科学出版社出版。

书中肯定有不少疏漏，错误也在所难免，所有文责由我担负。恳请读者提出宝贵意见。在此我需要感谢的人很多，包括我的博士导师温宾利教授和留学期间的合作导师 Howard Lasnik 教授。我要特别感谢中国社会科学出版社郭晓鸿女士为拙作的出版而付出的辛勤劳动和国家社科基金以及国家留学基金对我的大力资助。

程　杰

于 9209 51st Ave. , College Park, Maryland, USA.

2015 年 1 月 15 日

第一章 "意合—形合"问题研究综述

"汉语重意合,英语重形合"是语言学界关于汉英两种语言差异的一种普遍观点。"意合—形合"被认为是汉英语言之间最重要的区别性特征(Nida 1982:16)或汉英语段间的异质性特征(刘宓庆 1992:18)。汉语研究着力考究"字"与语义及其相互关系,而印欧语言研究侧重主谓序列及其相关词类,汉语"以意驭形",而印欧语言则"以形制意",印欧语言属语法型语言,而汉语则属语义型语言(徐通锵 1997:52)。本章在综述前人研究的基础上指出关于汉英语言"意合—形合"问题的传统研究中存在的一些不足,提出本研究将着力探讨的几个问题以及相应的研究思路、方法和计划。

第一节 意合与形合

"汉语重意合,英语重形合"是语言学界关于汉英两种语言差异的一种普遍观点。Nida(1982:16)认为,汉英语言之间最重要的区别性特征莫过于"意合—形合"。刘宓庆(1992:18)也认为,"意合—形合"是汉英语段间的异质性特征。徐通锵(1997:52)对汉语和印欧语言的语义对比研究表明,印欧语言属语法型语言,而汉语则属语义型语言,汉语"以意驭形",而印欧语言则"以形制意"。相应地,汉语研究着力考究"字"与语义及其相互关系,而印欧语言研究侧重主谓序列及其相关词类。

"意合"与"形合"的概念最早由王力先生在《中国语法理论》(1944 年初版)一书中提出。根据王力先生(1946,1954)的论述,汉语多用意合法（parataxis），复合句中分句之间可以不用连词，连接关系由分句意义来确立，复合句中分句之间也可以使用连词，但连词并非必需；相形之下，欧洲语言多用形合法（hypotaxis），连词在大多数情形下是不可缺少的。所以，意合在欧洲语言中是一种变态，在汉语中却是一种常态（王力 1984：89－90）。

　　王力先生提出"意合"与"形合"的概念主要是为了便于人们了解汉语和西方语言的差异，但没有给这对概念下过明确的定义。他所说的"意合"与"形合"主要针对的是复合句中分句之间的连接关系。实际上，王力先生早在 1936 年发表的"中国文法学初探"一文中就明确指出，汉语复合句可不用连词，如在假设句里"如""苟""若"等词可以不用（例如"今不取，后世必为子孙忧"《论语·季氏》），在时间从句里，连词更用不着（例如"子适卫，冉有仆"《论语·子路》）。

　　更重要的是，王力先生在同一文中指出，汉语中可不用显性成分表达的不仅仅是复合句中分句之间的连接关系，还有句子中不同成分之间的关系，如其所述：

　　　　语句乃是种种观念的综合。甲观念与乙观念综合，有时候用文法成分表现二者的关系，这是所谓"屈折作用"及"介词"。甲语句与乙语句综合，有时候用文法成分去表现它们的关系，这是所谓"连词"。我们说有时候用它们，因为有时候可以不用的。不用的时候，这些关系的表现往往寄托在词的次序之上；甚或不用文法成分与词的次序去表现，只把甲观念与乙观念并列着，甲语句与乙语句并列着，让对话的人自己去领会它们的关系。这种情形，在中国语最常见。

　　　　但是，最令我们觉得中文的特点者，仍在文法成分之少用。事物关系之表现，在中文里往往是不显的。

（王力 1936：70－71）

　　由此可见，"意合"与"形合"的概念也涵盖句子中不同成分之间的关系，即"甲观念与乙观念"的关系。王力先生详列了"甲观念与乙观念的关系不必用字表现"的六种情况：

1）人称与动作的关系，用不着表示：主格属于第一人称，则动词用不着语尾变化也可知道它属于第一人称。这完全因为位置固定的关系。

2）数与动作的关系。这与人称的关系同理；有了位置固定的好处，动词里就不必有数的表现了。

3）时与动作的关系，可由上下文推测而知。

4）主动者与动词的关系。在西文里除了命令式及感叹句之外每句必须有一个主格，以表示动作之所自来。在中文里，主格却不是必需的。譬如一段言语只叙述同一主格的动作，自然用不着在每句指出其主格；此外，如中途变更主格，若可不言而喻者，亦不必将主格指出。

5）受动者与动作的关系。在中文里目的格不如主格之易于省略，但也不是绝对不可省略的。

6）表明语与主格的关系。…… 主格与表明语的关系，在中国语里也不必用系词来表示。

（王力 1936：71–75）

在例证汉语中"甲观念与乙观念"和"甲语句与乙语句"两种关系不必显性表现之后，王力先生得出这样的结论："在种种方面，我们都可以看出西文的组织偏重于法的方面，中文的组织偏重于理的方面。无论何种事物的关系，如果不必表现而仍可为人所了解的，就索性不去表现它。"（王力 1936：77）

总之，王力先生认为，语句可依"理"构建，也可依"法"构建，"理"为构句成分（词或句子）之间的意义关系，"法"为有形构句成分；依"理"构句则谓"意合"，依"法"构句则谓"形合"；不管"意合"还是"形合"，不仅指复合句中各分句之间的组合方式，也指句子内部不同成分之间的组合方式；欧洲语言主要靠"形合"造句，汉语则主要靠"意合"造句。

自王力（1936）以来的近 80 年中，学界围绕汉英"意合—形合"类型性差异进行了旷日持久的讨论，随着语言学研究的不断深入和扩展，观察"意合—形合"问题的理论视角也越来越多。纵观围绕"意合—形合"问题进行的研究，学界的焦点有二：1）对"意合—形合"的界定，这既包括对"意合"和"形合"的定义，即内涵方面，也包括对汉英"意合—形合"差异的例证和描写，即外延方面；2）对汉英"意合—形合"差异的成因探究。以下两节分别述评学界围绕这两个焦点问题进行的研究。

第二节 "意合—形合"的内涵与外延

在对"意合—形合"的概念界定方面，学界存在较大分歧，归纳起来就是一点："意合—形合"是句子构造法还是语言表达法。一种观点把"意合—形合"看作造句法，二者主要区别在于词语或分句之间的连接方式不同，因而主要是句法层面的现象（连淑能 1993）；另一种观点把"意合—形合"视为语言表达法或话语组织法，即认为"形合—意合"发生在语言各个层面，具有系统性，是语言的基本表达手段或组织法则（刘宓庆1992，潘文国 1997）。

在对汉英"意合—形合"差异的例证和描写方面，研究者从句内、句际、超句三个层次上描写汉英语言的"意合—形合"差异，除个别研究者探讨句内层面外（刘宓庆 1992，宋志平 2003，叶小妹 2003），大多数研究者着眼于复合句中分句之间的"意合—形合"现象（毛荣贵1989，王寅 1990，等等），但也有学者探讨了超句层面的"意合—形合"现象（潘文国 1997，王扬 2002）。

一 "意合—形合"的内涵

"意合—形合"中的"合"是"组合、合并"的意思，即两个语言单位合二为一，由散到集、由零到整、由不相关到有关系的过程。"意合"是指两个语言单位仅靠二者之间可能存在的意义关系而结合在一起，如"他病了，没来"，而"形合"是指两个语言单位依靠某个显性的语言成分结合在一起，如"他病了，所以没来"。

　　"意合—形合"与英文词 parataxis-hypotaxis 在意义上不对应。尽管王力先生（1946，1954）在其论述中把 parataxis-hypotaxis 当成"意合—形合"的对等英文词，但从 parataxis-hypotaxis 两词的本意看，这种把"意合—形合"与 parataxis-hypotaxis 对等起来的做法容易引起误解。parataxis-hypotaxis 中的 -taxis 源自古希腊语的 τάξις，意为 arrangement，即"安排、排列"；para- 是英语中源自希腊语的前缀，意为 at or to one side of，beside，side by side，即"并列"；hypo- 也是英语中源自希腊语的前缀，意为 under，即"下属"。在语言学中，parataxis 指并列结构，即组合在一起的两个语言单位具有平等的语法地位，相当于 coordination 一词；hypotaxis 指从属或偏正结构，即组合在一起的两个语言单位的语法地位不平等，一高一低或一正一偏，相当于 subordination 一词。由此可见，"意合—形合"针对的是两个语言单位组合的手段，是靠意义（隐性形式）还是语言成分（显性形式）；parataxis-hypotaxis 针对的是一个语言单位内部的语法结构关系，是并列还是从属。进一步讲，"意合"可能产生 parataxis，如"你不喜欢，我喜欢"，也可能产生 hypotaxis，如"你不喜欢，别卖了"；"形合"可能产生 parataxis，如"你不喜欢，<u>但是</u>我喜欢"，也可能产生 hypotaxis，如"你不喜欢，<u>所以</u>别卖了"；反之亦然。总而言之，"意合—形合"和 parataxis-hypotaxis 是不同层面上的两对概念，不可等同或混淆。

　　"意合—形合"在内涵方面有广义和狭义之分。"意合"之"意"在狭义上指两个语言成分各自的概念意义以及二者之间由此建立的语义或逻辑关系，这一点在复合句的"意合"上面表现得最为明显，如"下雨了，河水泛滥"，以至于一提到"意合"，人们马上想到不带连接词的复合句。"意合"之"意"在广义上指两个语言成分各自的概念和语法意义以及二者之间由此建立的语义和语法关系，这一点在句内层面表现得最为明显，如"小明哭了"中的"小明"和"哭"两个成分不仅有各自的概念语义（一个人，一个行为），而且有各自的语法意义（一个名词，一个动词），"小明"和"哭"之间不仅建立起了命题意义（一个主词，一个谓词），而且建立起了语法意义（一个主语，一个谓语）。"形合"之"形"在狭义上指连接词，如戚雨村主编的《语言学百科词典》对"形合"的解释是"从属的语言单位用关联词语与主要的语言单位相结合。例如'如果天好，我们就去'中的'天好'是一个条件从句，用'如果……就'这种关联词语与'我们去'组合成偏正关系"。《美国传统词典》（*American Heritage Dictionary*）把 hypotaxis 一词解释为 the dependent or subordinate construction or relationship of clauses with connectives; for example, I shall despair if you don't come。"形合"之"形"在广义上指句法组合所依借的一切有形成分，包括词类标记、词组标记、语法范畴标记（性、数、格、时态、体貌、语态、语气等）、句法项标记（主语、谓语、宾语等）、分句与分句之间的句法层级标记、句型标记（如从句）、句式标记（如提问句）等，其中不仅有词汇手段，还有形态手段，也许还有更多。

长期以来，学界对"意合—形合"的研究焦点主要集中在语句或分句之间关系的连接手段上，而对句以下和句以上的语言单位的连接手段研究还明显不足。随着当代语言学研究对宏观语言现象和微观语言现象越来越多的重视，对句内、句际、超句三个层次上的"意合—形合"现象的研究有望一并推进，形成有机的整体。超句层次上的"意合—形合"指句与句之间靠语序和逻辑这样的无形手段或语篇连接词语（textual connectives）这样的有形手段来连句成段，宋志平（2003）结合语篇研究中的"衔接与连贯"等主题对此进行了比较深入的讨论。句内层次上的"意合—形合"涉及词的构成、短语的构成和句子的构成，是更加复杂的研究课题，目前文献中却很少见到比较深入的分析和论述。

二 "意合—形合"的外延

"意合—形合"在外延上也有广义和狭义之分。狭义的"意合—形合"指句子层面两个语言单位（两个句子成分或两个分句）之间的连接手段，而广义的"意合—形合"指在词、短语、句子和超句各个语言层面上两个语言单位之间的连接手段。学界在"意合—形合"问题上的主要分歧之一就是对"意合—形合"的外延应该狭义界定还是广义界定。根据狭义界定，"意合—形合"属于造句法，二者主要区别在于词语或分句之间的连接方式不同，因而主要是句法层面的现象（连淑能1993）；根据广义界定，"意合—形合"属于语言表达法或话语组织法，即"形合—意合"发生在语言各个层面，具有系统性，是语言的基本表达手段或组织法则（刘宓庆

1992，潘文国 1997）。

（一）句内的"意合—形合"

句内的"意合—形合"现象包括三个层面：词、短语和句子。

首先，"意合—形合"现象体现在用词缀构词上。刘英凯（1994：63）举例说，一本时装杂志中有个句子 *Long-leggedness is one of the features of a modern beauty*，其中的 *long-leggedness* 系某作者临时所造词汇，在词典上查不到，但是读者却一下子即可确定为名词，意为"腿长的特征"。汉语中这句话应表达成"长腿（腿长）是现代美人的一个特征"，不管是"长腿"还是"腿长"都没有用到词缀。汉语中的"美景"及"美容"均是"意合"性造词，但前者中的"美"是形容词，后者中的"美"却是动词，这中间没有任何用于区分词性的形态标志；可是在英语的"美景"beautiful scenery 中，"美"的形容词词性用词缀-ful 标示得一清二楚，"美容"beautify looks 中，"美"的动词词性用词缀-ify 标示得一目了然。

其次，"意合—形合"现象也体现在短语的构成上。例如，汉语名词短语"人力物力"中"人力"和"物力"两个名词之间不用任何连接成分，但在英语中要说成 human and material resources，必用连词 and；汉语动词短语"睡地板"中动词"睡"和名词"地板"之间没有任何成分，但在英语中必须说成 sleep on the floor，在动词和名词之间使用介词表达二者的关系；汉语形容词短语"雪白的"中名词"雪"和形容词"白"之间不用任何成分，但在英语中要表达成 as white as snow，使用分别作为副词和介词 as 来表明 white 和 snow 之间的语义关系。

最后，"意合—形合"现象还体现在句法范畴的标记上。英语中名词、动词、代词、形容词和副词大多通过显性的形态变化用以标示人称、数、格、时、体、语气、比较级等，如英语的非谓语动词形式分为不定式、现在分词和过去分词，分别用 to、-ing 和-ed 的形态标记加以区分。主语与谓语动词的一致是英语成句的必要条件，而这种一致须用显性的形态来表示，如把 Mary、like 和 music 三个词简单地排列在一起还不足以构成一个句子（＊Mary like music），只有用形态明确标示了主谓一致关系其才可成句（Mary likes music）。相比之下，上述的显性形态标记在汉语造句时统统不用，凸现了汉语句子的"意合"特征。

（二）句际的"意合—形合"

句际的"意合—形合"现象是最明显，也是最受学界关注的一个方面。英语中往往使用连接词将两个分句组合成一个句子，这类连接词分从属连词和并列连词两类，前者用来连接从属句（如状语从句、定语从句、名词性从句），构成复合句，后者（如 and，but，or，for 等）用来连接并列分句，构成并列句。汉语中也有与英语对应的从属连词和并列连词，但这些连接词往往可以不用，正如刘英凯（1994：63）所说，"以上连接手段在英语造句中几乎须臾不可离之，而在汉语中却常常隐没在上下文中，靠人们意会得之"。

（三）超句的"意合—形合"

超句的"意合—形合"也就是语篇中的"意合—形合"现象。王扬（2002）专文讨论语篇的"意合—形合"问题。

语篇的意合指词语或语句间的连接主要凭借语义或语句间的逻辑关系来实现，是遣词造句的内在认知事理。汉语语篇重意合，语段呈流散式铺排延伸，疏放相连，挥洒自如，但形散而神不散。汉语语篇有两种基本结构：水平结构和垂直结构，前者指平行结构，各个部分同等重要，后者指主从结构，各部分有主有次。汉语语篇最显著的特点在于用意义的链条将其不同层面串接起来，用意念引导其语言的外在形式，看上去概念、判断、推理不严密，句际关系松散，句法功能若隐若现，例如：

> 你看那毛竹做的扁担，多么坚韧，多么结实，再重的担子也挑得起。当年毛委员和朱军长带领队伍下山去挑粮食，不就是用这样的扁担么？他们肩上挑的，难道仅仅是粮食？不，他们挑的是中国的无产阶级革命！我们最敬爱的毛主席和其他老一辈的无产阶级革命家，正是用井冈山的毛竹做的扁担，挑着这一副关系着全中国人民命运的重担，从井冈山出发，走过漫漫长途，一直挑到北京。

> （袁鹰《井冈翠竹》）

语篇中没有显性的衔接标记，但在语义表达上层层推进，扁担的意义越来越深刻，越来越重大。整个语篇的组织依靠各层次的意义纽带自然衔接，衔接关系无显性语言标记。

语篇形合指词语或语句间的连接主要依赖连接词或语言形态手段来实现，是组词造句的外在逻辑形式。英语语篇重形合，英语语段呈环扣式多层面延伸，以形相连，因而更重衔接。语篇取得连贯效果的手段有两种：逻辑安排和粘连手段。逻辑安排是指语言单位排列成有意义的序列，符合逻辑，与作者的思维模式相一致，通常包括时间顺序、空间顺序、递进、因果关系、例证、逻辑划分、比较与对比、过程分析等等。粘连手段有以下类型：1）过渡词语或过渡句；2）关键词重复；3）替代；4）结构的重现；5）元语言。英语注重运用各种有形的连接手段达到语篇结构的完整，其表现形式受逻辑形式的严密支配，概念所指界定分明，句子组织严密，层次井然扣接，句法功能呈显性，例如：

I know that there are objections to my decision to become a social worker. Specifically, there is, the big one my father points out: money. I know, of course, that a woman has to make a living; but, as I tell him, a woman doesn't need more than her tastes require. He says, in good nature, that I don't know how expensive my tastes are, that I have had lots of privileges I don't even recognize as such, for example, coming to this kind of college. It doesn't do much good to reply that, even though I have had it easy. I want something beyond that easiness of life. You see, he cuts me off here, and says that I have a good hard logical mind and a person isn't happy unless she is using her best talents, and that, consequently, I should go into law or something like that to use mine. Undoubtedly, my father is right, generally speaking. He himself, in fact has used his talents; for he is one hell of a good corporation lawyer, and is happy in his business. But I am me.

（胡曙中 1993：178）

语篇中运用了大量标示思维结构的语篇功能连接词，从而达到了语篇语义的总体连贯，语篇组织依靠显性的衔接手段。

第三节 汉英"意合—形合"差异的理据

"汉语重意合，英语重形合"这一汉英语言差异的深层动因何在？在探究汉英"意合—形合"差异方面，学者们无一例外地把目光投向语言外因素，从中西哲学思想、思维方式和传统文化的差异中寻求解释（刘宓庆1992，周异助、谭旭伦1994，王扬2002，叶小妹2003，王亚非、王媛2006，乔小六2007，张军平2009，杨元刚2011）。语言的演化和发展与其对应的哲学传统、思维范式乃至美学观照具有文化通约性。中国传统哲学的整体观、汉民族的综合思维和模糊思维是汉语意合特征的根源，西方传统哲学中的原子观和形式逻辑思维是西方语言形合特征的根源（张思洁、张柏然2001）。

一 传统哲学

中国从仰韶文化以来，以农耕为主的自然经济一直在汉民族全部经济生活中占统治地位，这种田园文明使汉民族人群把人与自然的关系看作有机联系、相互作用的整体，由此形成了"天人合一""赞天地之化育""万物皆备于我"的哲学思想。庄子在《天地》一章开篇便提到"天地虽大，其化均也；万物虽多，其治一也；人卒虽众，其主君也"。意思是说天地广大，万物广博，百姓众多，但是它们的存在都有自己内在的规律和道理。这句话充分体现了中国哲学善于从整体上观察事物的观念。《周易》中蕴含的"易生太极，是生两仪，两仪生四象，四象生八卦"同样说明了中国人思维中的整体观以及人们所崇尚的天人合一的最高境界。专门研究过中国科学史的英国人李约瑟曾说过，中国人是世界上最热心于体现"人离不开自然"这一伟大设想的人。"天人合一"的哲学思想导致了哲学整体观的出现。哲学整体观指从宏观上把握对象特征、认识对象属性的综合思维方法。中国人善于运用整体思维去认识客观事物，对世界的认识带着综合性、系统性、宽泛性、灵活性、不确定性等特点。这种思维模式注重了悟、直觉、贯通、隐约的意脉、情感和感受，讲究融会贯通的全面而不注重形式，不讲究分门别类的精确，具有模棱两可、亦此亦彼的特点。这是一种有极强的可塑性、伸张性、随机性的圆式辩证思维方式。汉民族的这种思维方式贯穿在民族文化发展的历史长河中,民族艺术及一切文化现象也就无不打上这一"重了悟、以神统形"的思想烙印(刘英凯 1994:62,宋志平 2003:95,张军平 2009:125)。就汉语言而言,汉字作为个体,可直接组合成段、成句、成章;作为整体,汉字集音、形、义三者于一体,具备个体自足性,即结构独立、意义自释、词性内含。汉字体现了"一"与"多"之间的辩证关系(张军平 2009:125)。同时,整体性思维具有整合作用,使我们轻于对句子成分的细微分析,重于对语句的融会贯通,凭着经验和语境去意会和补充语句的内容。中国古典文论历来也有重意的传统,注重文质合一,体用合一,如强调"意定于笔,笔集成文,文具情显"(《论衡·自纪》),"舍象求意,意余象外"(《庄子·物外》)。中国哲学整体观和文论整体观对中国语言的影响极深,体现在词和句法上就是"文质合一、言象合一、象意合一、体用合一"。汉语的理解和分析需要从整体上把握话语内部语义关系,充分领悟灵活、简约的意合特征(宋志平 2003:95)。

与哲学整体观对应的是西方的哲学原子观。根据古希腊哲学中的原子说,万物都由原子构成,而且原子与原子之间存在着虚空(罗素 1996:97)。该学说也讲求"一",但是不承认"一"和"多"之间相互依存、相互衍生的辩证关系。从真正的"一"绝不能出现"多",从真正的"多"也绝不能出现"一"(罗素 1996:102)。这种原子论的基本观点及其深化的思维方式被继承下来,对语言形成了巨大的影响。由此看来,西方哲学中的"一"是原子的、机械的,而中国哲学中的"一"既是一又是多,是整体的、有机的。哲学原子观导致了分析性思维方式。西方人习惯于把考察的对象从其所在系统中分离出来,实质原因在于西方哲学没有严格意义上的系统论传统,它着力探究的是名与实、形式与物质之间形而上的区别以及由此而形成的各类概念之间的形式逻辑推理。西方现代语言哲学的兴盛正好体现了这种传统,其中的逻辑范畴观要求语句中各成分依规约形态按逻辑等级各处其所,进而要求每一成分自身须具有显著外在特征以昭示它与其他成分的位次关系,从而使英语等西方语言呈现出形合特征。英语中词的构成是语素与语素相加的结果,作为个体的语素与作为整体的意义之间并无必然的联系，所以英语的命名具有很大的灵活性（刘英凯 1994：62，宋志平 2003：95）。

二　思维方式

思维方式是语言生成的哲学机制。语言实际上是紧紧地附着在思维这个有无限纵深的基础之上的结构体，语言受思维支配，它是处在交际中的人的思维载体，语言活动即思维活动。在漫长的历史过程中，人们把对客观现实的认识凝固成经验和习惯，借助语言形成思想，又赋予思想一定的模式，进而形成一种思维形态。不同民族有着各自不同的思维方式，它决定了不同民族的语言心理倾向。因此，每一种语言都体现着该语言民族的思维方式，汉英"意合—形合"差异体现的是汉英民族不同的思维方式（王扬 2002：21）。

中国传统哲学的整体观造就了汉民族思维的综合性特点，这在中国古典文论和汉语遣词造句中得到印证。中国古典文论自觉遵守"一"的理念，讲究"文质合一"和"体用合一"。汉语的遣词造句追求"文与质合"、"言与象合"、"象与意合"和"体与用合"。汉语的句法遵循意气为主、文辞为辅、意尽为界的文质统一理念。因此，在理解和分析汉语时，要从宏观语境中体察句子的含义和功能，利用综合性思维进行整合理解，由体至用，由用及体，从而达到领悟语篇整体意境的境界，正所谓"言者所以在意，得意而忘言"（《庄子·物外》）。例如：

> 兴儿连忙摇手说："奶奶千万不要去。我告诉奶奶，一辈子不见他才好。嘴甜心苦，两面三刀；上头一脸笑，脚下使绊子；明是一盆火，暗是一把刀，全都占了。"
> 《红楼梦》第六十五回"贾二舍偷娶尤二姨，尤三姐思嫁柳二郎"

整个语段中句子的核心语法成分（主语和谓语）模糊，无结构可言，句句也无显性语篇功能词，话语只是根据意义和语势的跳动铺排，但丝毫不影响语义表达的逻辑性。这充分体现了汉语流水短句的修辞效果：简洁、明快、活泼。意感使全段文意贯通，浑然一体。句中各种逻辑关系相互交织，彼此映衬，形成一张气脉清晰而意义完整的网络。全篇形散而意合，构成一个完整的意境。各小句间的内在事理逻辑充当了各句间的内在连接纽带，使小句衔接自如，体现了汉民族善于运用整体观照从语段整体层面把握各分句的功能。

　　汉民族的综合性思维方式又导致了其模糊思维偏向："比类取象"和"援物比类"（徐通锵 1997：45 - 51）。"比类取象"指利用联想、偶举，通过事物间的横向比喻来认识客观存在的思维方法。"援物比类"则是借助上述方法在看似毫不相干的事物间建立起联系，用比喻来说明"象"的本质，表达主观对客观的规律性认识的思维方式。由于这种思维方式注重事物内涵间的横向联系和比类而不受事物外在种、属的制约，因而语言表述上多表现为非逻辑化。汉语的意合特征正好反映了这种非逻辑化，虽然在被描述事理之间具有很强的内在事理，但在语言表述上往往缺省显性的逻辑关系标记，例如马致远的《天净沙·秋思》：

> 枯藤老树昏鸦，
> 小桥流水人家，
> 古道西风瘦马。
> 夕阳西下，
> 断肠人在天涯。

　　诗篇中只有 5 个句子，28 个字。前 3 句不用一个动词，似乎只是 9 组词汇的排列。整首小诗读起来似乎散漫无神，毫无章法可言，缺省显性的逻辑关系表征词。其实不然，从表面上看，有枯藤、老树、昏鸦、小桥、流水、人家、古道、西风、瘦马、夕阳、断肠人等景物。前 3 句构成 3 组景：有远有近，有明有暗，有哀有乐。这些景以"断肠人"为中心，以"夕阳"为背景，以"奔波"为线索，形象十分鲜明，使 9 景皆活。作者以"夕阳西下"一句作为前面写景与后面抒情的过渡，把意境和情韵加以巧妙地组合，使各个分散的景点连接成完整和谐的意境，构成一幅令人伤感的暮秋黄昏旅行图。这种意合的语篇充分体现了汉语"形散神聚"的风格，反映了汉民族重"体悟"、重"意气"的心理态势以及重神轻形的民族审美观。此外，汉民族的模糊思维客观上要求其语言在使用逻辑连接词时具有灵活、简约的特征，从而使语言必然呈现出意合的特征（王扬2002：21，张军平 2009：125）。

英语的形合特征具有英语民族的文化特征，与其民族思维方式密切相关。西方哲学更注重逻辑的外在表述形式，与亚里士多德的"三段论"式逻辑推理紧密联系。亚里士多德认为，"一切演绎的推论如果加以严格地叙述便都是三段论式的"（罗素 1996：254）。西方人由概念、判断和推理组成其思维的基本形式，三段论是类的理论，着眼于概念的外延，从外延上确定类的种、属关系。换言之，"构成三段论的命题都是种属关系的类关系的反映"（徐通锵 1997：45）。这种形而上的思维观使得语言表达倾向于采用严密的、纯形式逻辑的风格。英语民族极度推崇逻辑与理性，其根源则可追溯至柏拉图和亚里士多德。柏拉图认为，写文章的人必须知道所谈问题的真理，必须用科学方法去求得事物的本质，把那些与题目有关的零星散乱的事项统摄在一个普通的概念之下，然后进行分析，看出整体与部分、概念与现象之间的关系。亚里士多德强调演说者应当尊重事实与真理，论证要言之成理，合乎逻辑。根据亚里士多德的逻辑范畴理论，逻辑判断在语言上体现为语句，语句结构与逻辑判断必然相互对应，其本质呈"二元论"的特征。任何英语句子都具有主谓统携全句的基本态势，这便为语句分析提供了思维上和方法论上的依据，即逻辑上基于实体的主谓二分法。英语语句的铺排一般以主谓为骨架，围绕主谓两大范畴，其余各范畴词语严格按形式逻辑法则，以约定形态或横或纵地环环相连。语句中各语词的外在形态标示出它们在认知思维中的轻重缓急，在缺省显性形态的地方又有各种连接词的介入，从而使语句形彰而意显。可见，英语语句中的每一成分均能从整句中析取出来而意义无损，这就是哲学原子观造就的英语民族的分析性思维方式在语言中的反映。下面以英语增补词（additives）的使用来例证分析性思维方式在英语中的体现（王扬2002：22）：

There was I, straight as a young poplar, with my firelock, and my bayo-
net, and my spatter dashes, and my stock sawing my jaws off, and my ac-

couterments sheening like the seven stars!

Thomas Hardy's *The Return of the Native*

语篇中下划线部分为增补词,起衔接句子的作用,既达到了语法结构上的完整性,又表明语言使用者在说完或写完第一句后,意犹未尽,又补充了一些新情况。这种增补连接词的实质就是逻辑成分,并不等同于语言"连接词"的概念,它是一种抽象逻辑符号。可见,连接词是英语表述逻辑关系时不可或缺的成分,这种形合特征是英语民族的形式逻辑思维方式的必然结果和客观反映。

三 传统文化

文化具有整体性、系统性和同一性的特点,构成同一文化的各种要素往往体现相同的特征,这就是所谓的文化通约性。刘英凯(1994)认为,中国传统文化形式,如绘画、书法、戏曲、诗词等,都具有"重了悟、以神统形"的特征,与汉语言的"意合"特征正好吻合,具有异曲同工之妙,体现了中国传统文化各种形式的通约性。以下简述刘英凯(1994:61-62)的论述。

中国传统绘画讲究避实就虚,遗形似而尚骨气,鄙呆实而尚空灵。宋朝大诗人苏轼"平生好诗仍好画","论画以形似,见与儿童邻"是他的画论中最有影响的一个观点,与此相呼应,他还说过"画马不独画马皮",而要画出马的精神气质。苏轼还在《盐官大悲阁记》中表达过"弃迹以逐妙"的类似观点,即放弃形式上的相近以追求艺术上的妙境。苏轼认为"士人画"与"画工画"有本质的区别,"观士人画,如阅天下马,取其意气所到",而画工"往往只取鞭策、毛皮、槽柄、当袄,无一点俊发"。苏轼的"取其意气所到""不滞于形而以意统形"的绘画观点概括了中国画同西洋画的本质差别:中国画"计白当黑",突出主体,把与主体关系不大的内容舍去,造成画面上的虚白,可这种虚白却给观画者以充分的意会和联想的空间,达到虚实相生、无画处皆成妙境的效果。张彦远在《历代名画记·论画体二用拓写》一文中说:"夫画物特忌形貌彩章,历历俱足,甚谨甚细,而外露巧密,所以不患不了,而患于了。"与此相反,西洋画

"历历俱足"地填满画底，采用不折不扣的几何焦点透视法，追求"甚谋甚细"的精确性，其观察角度是固定的，表达是立体的，一切"了"然。概而言之，西洋画重写实、重形似、重细节的真实；中国画不重"甚谋甚细、历历俱足"的形似，而强调"取其意气所到"的"以意统形"，这是中国贯穿古今、占有压倒性优势的绘画美学至论。从石涛的"明暗高低远近，不似之似之"，到清人方薰的"古人谓不尚形似，乃形之不足，而务肖其神明也"，再到现代齐白石大师的"作画妙在似与不似之间，太似为媚俗，不似为欺世"，我们可大略看到古今同辙、一以贯之的同源轨迹。

不滞于形而以意统形的这种意合精神又岂独绘画为然？中国书法崇尚"意在笔先""意到笔不到""笔断意连""神采为上，形质次之"，也是上文"弃迹""遗形"的意合精神的一个印证。

中国戏曲艺术理论尚"化工"而弃"画工"，其道具、布景、动作、服装、脸谱都不是"历历俱足""甚谋甚细"地追求形似，都不机械模仿现实，而是以动作和道具的虚拟性、以舞台美术、服装、脸谱的象征性为特点。就道具虚拟性而论，一支马鞭即可代表一匹马，再融进连续挥舞马鞭的虚拟动作，就足以使人"意会"到人骑在马上的奔驰。动作的虚拟性更是千变万化：一套套的表演动作可以表现出开门、关门、穿针引线、爬山、攻城、长途行军等等。

中国辞章学的"书不尽言，言不尽意"及中国诗学所谓的"若即若离""诗无达话"都强调以重了悟而不重形式为特点的"意会"的重要性，一个典型例证是中国古诗中很少用介词来界定空间关系，如"云山"可以解读为"云罩的山""如云的山"或"云中的山"，而英语中不可避免地要用介词来明示"山"和"云"的关系，如 mountains covered with clouds, mountains like clouds, mountains in clouds。汉语古诗忌讳"历历俱足、甚谋甚细、外露巧密"，而追求空灵超逸。打开一部诗选，你会看到"楼雪""空云""洞户""溪午""松风"等无数"无达话"的例子。

上述各种中国传统艺术形式重了悟、重意会而不重形式的特点与汉语的意合特征有着内在的联系，都是在重意、重神、重风骨、重凌虚的中国哲学和美学传统的影响下形成的。

四 语言本体

"汉语重意合、英语重形合"也与汉英两种语言系统本身的特点有关，具有语言本体的理据，涉及汉英两种语言在基本结构单位、形态变化能力、句子主干结构、语句衔接手段四个方面的差异。

（一）基本结构单位

徐通锵在《语言论——语义型语言的结构原理和研究方法》（1998）一书中详细论述了汉语的基本结构单位，提出"字"是汉语基本结构单位，"词"是英语基本结构单位。这一论断的确立不仅明确了汉英两种语言的基本结构单位，而且为进一步解释汉英两种语言由此而产生的巨大结构差异奠定了基础。

事实上，最早确认"字"的性质及其重要性的是赵元任先生。赵先生在"汉语词的概念及其结构和节奏"（1975 年）一文中提出汉语没有与英语的 word 相当的结构单位，汉语是不计词的，至少直到最近还是如此。在中国人的观念中，"字"是中心主题。这一论断摆脱了英语语言文化观念对汉语的束缚，从汉语的实际出发，为汉语研究确立了新的立足点。在此基础上，徐通锵（1998）进一步明确了"字"在汉语中的地位。说"字"是中国人观念中的"中心主题"，就是说汉语的结构以字为本位，应该以字为基础进行句法结构的研究。本位，这是研究语言结构的理论核心。汉语的"字"和英语的"词"单独看起来微不足道，但是作为语言基本结构单位，它们之间的差异却能影响英汉两种语言的整体结构。英语中的词具有形态发生条件，普遍带有形态功能标志，时态、语态、名词的单复数以及动词第三人称变化等可以通过词形本身一目了然，从而造成英语语法结构显性化。相比之下，汉语的字不具备形态发生功能。由于字在外观上呈方块形，字与字之间不会发生结构联结，英语中词形的变化在汉语的字上就不能得到体现，这就使汉语在表达思想时更多依靠语义和语序等要素，从而造成汉语语法结构隐性化。这是导致"汉语重意合、英语重形合"的主要原因。

（二）形态变化能力

汉语的方块字在结构上呈封闭型，不具备形态发生条件，字与字之间没有形式上的联结，而是通过直接组合成词。由于字集音、形、义于一体，能够直接与意义相联系，就不需要像英语那样经过语符的组合才与意义挂钩。英语中的词具有形态发生能力，其中动词的形态变化在总体上较其他词汇又占有更为重要的地位和作用，如谓语动词能够通过形态功能标记与主语形成紧密的关系，包括二者之间的一致关系与依存关系。再者，汉语中字的组合由于缺少语法的约束，在组词造句时只要字义之间的搭配合理，就可以接受，而不必考虑主谓的一致关系与依存关系。这也是汉语语法隐性化、重意合而英语语法显性化、重形合的原因之一（张军平2009：126）。

（三）句子主干结构

英语中由于词具备形态发生能力，谓语动词就能够通过形态功能标记与句子主语保持一致关系与依存关系。事实上，英语句子正是以动词的形态变化为主轴展开的。在大多数情况下，英语句子必须有主语，有时为了满足句子对主语的需要，还要使用 it 等作形式主语。相比之下，汉语中由于字不具备形态发生条件，造成了英汉语在句法结构上的种种不同。其中，汉语中的谓语动词与主语并不存在人称、数等形式上的一致，因而二者之间的关系松散，不能在形式上与主语形成约束机制。一些情况下，汉语句子可以没有主语，也不必因此而建立一个形式主语，句子的理解多靠语义贯通和语境的映衬来实现（张军平2009：126－127）。鉴于汉语中不存在受形态约束或者标示的主谓结构，有学者认为汉语句子应该按照"话题—说明"的结构来分析，例如 Li & Thompson（1981）以"主语—谓语"和"话题—说明"为分类标准，将语言结构分为四种类型：注重主语的语言、注重话题的语言、主语与话题并重的语言和主语与话题都不注重的语言，并把汉语归入注重话题的语言，把英语等印欧系语言归入注重主语的语言，从而明确了英汉两种语言在句子结构上的区别。

（四）语句衔接手段

汉英语言在衔接手段上的差异是"汉语重意合、英语重形合"的另一重要标志。英语在行文中比汉语更常使用衔接手段，而汉语句子的扩展多是凭借主体意念，以意役形。句内与句际的关系常通过字与字的直接组合以及语境的映衬，而不是靠衔接手段的大量使用来表现的。汉语的这一特点与字本身的性质密不可分。形体上，无论是独体字还是合体字都表现为方块形。从古至今，汉字发生了种种变化，但是方块形这种汉字最基本的存在形式依然保留了下来。汉字的方块形赋予其可拼合性的特点，通过字与字的不同排列组合产生新的意义，而语言结构却呈现出某种程度上的含蓄性，具体表现之一是缺乏句与句之间的显性联系。基于这种差别，有学者称英语的句法为"竹节句法"，把英语句子的连接比作竹节的连接，其中连接手段的介入既言明了作者的思路，也传达了句中各组成部分在语意中的轻重缓急。与此同时，他们把汉语句法称为"流水句法"，形容汉语语句看似无定法可依，实际上遵循的是达意为主、以意制形的理念。

第四节　研究问题

近 80 年来，"汉语重意合，英语重形合"的观念已深入人心，但这一结论值得商榷，正如沈家煊（2003）所说，"如果'意合为主'只是指汉语语法缺乏西方语法的形态标志，这是对的。如果以为'意合'可以不要形式，只要意义上讲得通，词语就可以结合在一起，那就错了，因为没有不凭借任何形式的纯粹'意合'"。纵观近 80 年的"意合—形合"研究，至少有三个方面的问题是显而易见的：

1）宏观描写有余，微观分析不足，特别是句法层面的分析很缺乏。在"意合—形合"问题的研究中，学者们更多的是从语言的宏观层面进行比较分析，如在文化层面探究汉英"意合—形合"差异的根源，在语篇层面讨论汉英语言的不同组织模式，在复合句层面讨论分句的连接方式。相比之下，学界对句法、短语、词以及形素等微观层面的"意合—形合"现象的研究很少。整体看来，前人对"意合—形合"问题的研究宏观有余，微观不足；综合有余，分析不足；语外有余，语内不足；句上有余，句下不足。

2）研究脱离具体的理论框架，就算是从语言事实出发自起炉灶，也没有形成系统的理论。语言学作为一门比较成熟的现代科学，可谓流派纷呈，理论丰富。但是，学界在讨论"意合—形合"问题时很少结合具体的语言学理论，很少在特定的语言学理论框架内展开分析，很少运用相应的语言分析工具或方法。不少学者认为，"意合"是汉语最大的特点，我们应该摆脱西方语言学理论框架的束缚，从汉语实际出发，建立汉语的语言学理论。遗憾的是，时至今日，我们仍没有看到一种成熟的、系统的可以解释汉语语言现象的语言学理论。借鉴西方语言学理论分析汉语"意合"现象并非"误入歧途"，反而可能取得前所未有的发现。

3）只从语言外寻求"意合—形合"的理据，却忽视了语言系统本身的选择机制。关于是什么造就了汉英语言的"意合—形合"差异的问题，学界主要从中西在传统哲学、思维方式和传统文化方面的差异中寻求理据，认为汉语的"意合"特征源于中国的"天人合一"的传统哲学思想、整体性的思维方式和重意轻形的传统文化形式，英语的"形合"特征源于西方的"一多对立"的哲学原子观、逻辑分析型思维方式和"甚谋甚细、历历俱足"的传统文化形式。也有学者（如徐通锵 1998）从语言本体的角度探究汉英"意合—形合"差异的动因，但其分析方法和结论仍值得商榷。

基于以上问题，本研究将着力讨论和回答以下三个问题：

1）如何从当代句法学的角度看待汉语的"意合"现象？

2）如何从"零形素句法"的角度阐释汉语的"意合"特征？

3）如何在"原则—参数"理论的框架内解释汉英语言的"意合—形合"差异？

第五节　研究综览

本研究在乔姆斯基的普遍语法理论的框架内展开，运用当代句法学的基本原理和研究方法重新审视"汉语重意合，英语重形合"的传统观点。

首先，我们对汉语学界对汉英语言"意合—形合"问题的研究进行述评，指出前人研究中的不足，并在普遍语法理论框架内分析在汉英语言"意合—形合"问题上传统观点所包含的种种悖论。根据普遍语法理论的基本原理，语句的生成是运用形式化规则对构句成分进行操作的结果，是"形"合，而句子意义源于对"形"合而成的句法结构的解释，语句的生成并不需要意义的参与，因此"意合"和"形合"不在同一对等的层面上；此外，语句的生成是靠形式还是靠意义，这一问题代表了形式语言学的两大流派的思想冲突：解释语义学（造句靠形式，语义源于对形式的解释）和生成语义学（造句靠语义，语义决定形式），"汉语重意合，英语重形合"的观点等于说汉语符合生成语义学，英语符合解释语义学，这是荒谬的。

其次，我们对汉语语句中的零形素进行分类界定和描述，构建汉语的"零形素"体系，并指出"汉语重意合，英语重形合"的传统观点的实质是汉语语句多用隐性形素（即零形素），而英语语句多用显性形素，而隐性形素和显性形素具有同样的句法地位和功能。由此角度看，汉英语言的差异只是表面现象而已。

再次，我们对"零形素句法"的研究成果进行述评，将其基本理论和方法用于分析两类汉语句法现象：一是名词动用，一是增元结构。通过对名源动词和增元结构的句法推导的微观分析，力求认识相关"零形素"的句法和语义特征。

最后，我们在"原则—参数"理论的框架内对汉英语言在"零形素"和"零形素句法"方面的差异给予解释，即把"零形素句法"作为一条句法原则并将其参数化，而参数变异的动因不在于文化传统、哲学思想、思维方式等语言外因素，而在于词库中特征组合以构成语素的方式不同：汉语句法允许缺失语音特征的语素，而英语不允许零形素。

本研究遵循"发现问题—分析问题—解决问题"的基本路线，运用当代句法学的研究方法和分析技术，分析汉英句法层面的"零形素"现象。句法学的研究方法包括演绎法、对比法、理想化等，分析技术以乔姆斯基的"语短论"（Chomsky 2005）的句法分析方法为主。本研究的重点在于汉语"零形素句法"的两项个案研究，即名源动词的句法生成和增元结构的句法生成，要从中发现"零形素"的基本句法和语义特征。本课题研究的难点有二：一是汉语句法"零形素"的界定、分类和体系构建，二是在"原则—参数"理论框架下对句法层面"汉语重意合，英语重形合"现象的解释。

本研究要树立的基本观点是：1）从普遍语法理论的角度看，"汉语重意合，英语重形合"是个伪命题，任何语言的语句生成都要靠"形"合；

2）"零形素"是汉语的有效构句成分，在名源动词和增元结构的句法推导中得到充分体现；3）句法层面的"汉语重意合，英语重形合"现象实际上反映的是"零形素句法"的参数变异：在汉语中"零形素"是句法推导中的有效构句成分，在英语中则不是。本研究在四个方面体现了创新：1）从普遍语法的角度重新审视汉英语言的"意合—形合"问题，得出新的结论；2）把"零形素句法"运用于汉语句法研究，构建汉语句法的"零形素"体系，并进行汉英语言对比研究；3）在普遍语法"原则—参数"理论的框架内对句法层面所谓的"汉语重意合，英语重形合"现象给予重新阐释；4）创新汉语研究方法，重视理论参照，防止闭门造车、误入歧途。

　　中国的语言学研究一直是描写语言学和功能语言学占主导地位，人们对作为西方语言学研究主流的形式主义往往敬而远之。换个角度再看汉英语言的"意合—形合"问题，结论可能完全不同。根据乔姆斯基的普遍语法理论（Chomsky 1995），句子的构造必须要靠"形"合，语义不是句子生成的基础，而是对句子形式进行解释的结果，先有句子形式，再有句子意义，所以"汉语重意合，英语重形合"的观点就是个伪命题。

　　在句法学的理论体框架中，"形"包括句法构造应遵循的普遍原则、句子推导过程中所形成的层级结构关系、显性的词汇和词缀以及隐性的构句成分。研究表明，汉英句法的一个重要差异在于，汉语句子推导包含一些隐性的构句成分，而英语句子推导包含相应的显性成分。这种隐性的构句成分在文献中被称作"零形素"（zero morpheme），相关研究被称作"零形素句法"（zero syntax）。Pesetsky（1995）是将零形素概念应用于句法分析的典范，他利用名物化现象（nominalization）来证实零形素作为词语和句子构成成分的实在性和作为句法分析工具的有效性。"零形素句法"提供了一个研究汉英语言"意合—形合"问题的新视角，新视角产生新结论：汉英语言都靠"形"合，差别在于汉语之"形"可能是虚的，英语之"形"一般是实的。这一结论也可以看成是对"汉语重意合，英语重形合"这一传统观点在句法层面的重新阐释。

　　从"零形素句法"的角度研究汉英语言的"意合—形合"问题是对传统研究的反动，可以克服上述传统研究的三大缺陷：1）它是在句法层面对"意合—形合"问题进行的微观分析；2）它是在特定理论框架内展开的解释性分析；3）它从语言系统本身的参数变异中探究所谓"汉语重意合，英语重形合"的理据。

本书共分八章，安排如下：

第一章 "意合—形合"问题研究综述

第二章 "意合—形合"现象的语言本体视角

第三章 汉语零形素与汉语意合特征

第四章 零形素句法研究

第五章 零形素与汉语名源动词的句法语义生成

第六章 名源动词的共时变异

第七章 零形素与增元结构研究

第八章 零形素与汉语增元结构的句法生成

第二章 "意合—形合"现象的语言本体视角

学界普遍认为，"汉语重意合，英语重形合"，且这一汉英语言间的重要差异是由中西传统文化差异造成的。本章试图从语言与文化的关系、跨语言差异的普遍语法解释、"形"与"意"的关系、"意合"与"形合"的相对性、"形合"之"形"的概念等五个方面来证伪"汉语重意合，英语重形合"这一汉英差异的文化决定论。

第一节 关于汉英语言"意合—形合"现象的传统观点

"汉语重意合，英语重形合"的传统观点在汉语学界深入人心，可谓源远流长。

19世纪德国语言学家洪堡特对汉语作过专门的研究，在《论汉语的语法结构》和《论语法形式的通约性以及汉语的特性》两篇文章中专门讨论汉语语法的特点。洪堡特认为一切语言的语法都包含两个部分，一个部分是显性的语法，由形态标记或语法规则来表达，另一部分是隐性的语法，语言使用者依靠领悟而不是显性的形态标记或语法规则去把握。他发现汉语的语法结构完全不同于一切已知的欧洲古典语言，汉语中显性的语法要比隐性的语法所占的比例小得多（洪堡特2001：149）。

黎锦熙（1924：29）认为，汉语"依句辨品，离句无品"。这里的"品"即作为句法成分的字或词。这句话的意思是，汉语句子中字或词的句法功能要依靠句子的整体意义或句中字词间的语义关系才能判定；离开了句子，字或词的语法属性就难以判定。

王力先生在《中国语法理论》（1944 年初版）一书中最早提出"意合"与"形合"的概念。根据王力先生（1946，1954）的论述，汉语多用意合法（parataxis），复合句中分句之间可以不用连词，连接关系由分句意义来确立，复合句中分句之间也可以使用连词，但连词并非必需；相形之下，欧洲语言多用形合法（hypotaxis），连词在大多数情形下是不可缺少的。所以，意合在欧洲语言中是一种变态，在汉语中却是一种常态（王力1984：89 - 90）。

吕叔湘（1964：45）认为，印欧语言的 word 受句法一致关系的支配，因而其语法功能是有定的，可以据此进行名词、动词、形容词的划分，而汉语的"词"的语法功能还得以语义为基础去分析，不能和印欧系语言的word 混为一谈。

赵元任在《汉语口语语法》（1975 年）一书中指出，英语的主谓有明确的形式结构特征，而汉语主谓则主要是一种语义上的结合，是一种"主题 + 述题"或"话题 + 说明"的信息结构，而且50% 以上的汉语句子结构属于"话题 + 说明"框架，汉语是一种典型的话题型语言。

邢福义（1995，1998）认为，小句在汉语语法系统中处于中枢地位，这与黎锦熙（1924：29）"依句辨品，离句无品"的观点一脉相承。根据"小句中枢说"，句子整体决定句子成分的身份，而句子成分难以自证身份，因为它没有显性的身份标记。

陆俭明（1996）指出，汉语语法特点之一是缺乏形态，注重意合，相关的句法成分之间往往包含着较大的语义容量和复杂的语义关系，但基本上无形式标记。例如，"吃苹果""吃食堂""吃大碗""吃老本"等短语都是述宾结构，述语都由"吃"充任，但是述语与宾语之间的语义关系则各不相同："吃"和"苹果"之间是动作和受事的关系，"吃"和"食堂"之间是动作和处所的关系，"吃"和"大碗"之间是动作和工具的关系，"吃"和"老本"之间则是动作和凭借的关系。但是，这些不同语义的关系并无任何形式标志来区分。

潘文国（1997：116 - 117）总结出汉语语序的两条根本规律，即逻辑律（对应于英语的形态律）和音韵律（对应于英语的贴近律）。他发现，汉语的虚词是语义虚化的产物和填补语义空缺的语音手段，而英语的虚词是形态的补充和替代；汉语虚词的使用是柔性的，英语虚词的使用是刚性的。因此，潘文国把音义互动律当作汉语的一种语法手段，一种汉语特有的语言组织的规律。

连淑能（1997：46－48）也指出，所谓"形合"是指句子中的词语或分句之间借助语言形式手段（包括词汇手段和形态手段）实现连接，表达语法意义和逻辑关系；所谓"意合"是指句子中的词语或分句之间不借助语言形式手段而借助其所含意义的逻辑联系来实现它们之间的连接，句子中的语法意义和逻辑关系通过词语或分句的含义来表达。英语句子重形合，汉语句子重意合。

众多学界名家不仅从各个层面刻画了汉语的意合特征，还试图阐释"汉语重意合，英语重形合"的动因。

丁金国（1996：15－20）认为："英汉对比研究的可比性框架，应该建立在两个层次范畴上，即显性结构层面和隐性结构层面。显性结构层面包括两个系统，一个是静态系统，一个是动态系统。显性静态系统，就是我们通常所说的语言结构各个层面，稍不同的是扩展到了篇章。显性动态系统实际上是言语系统，是言语在使用中在其相关因素制约下而发生的变异系统。隐性结构层面的语言事实分布在显性结构层面的各个部分，透过各种规则系统集中体现出来。汉语'重意合'，英语'重形合'，即是隐性结构层面的问题，其本质上是民族精神'语言化'的层次。"

潘文国（1997：360－374）指出，汉语重意合，在哲学上的背景就是汉民族的悟性思维和主体意识，而英语重形合，在哲学上的背景就是英美民族重理性思维和客体意识。汉民族受"天人合一"哲学观的影响，认为思维与自然万物是融为一体的，思维直接作用于语言上而不需通过"中介"转化为语言，于是中国人形成了重综合、轻分析，重归纳、轻演绎的思维习惯。贾玉新（1997：60）也说："中国人在天人合一思想指导和影响下，在思想意识、思维模式以及言语观方面都倾向于求整体、求笼统、求综合和知觉上重直觉，迥异于美国人或西方人的思维方式和言语观。"从这个意义上讲，语言是文化的一种表现形式，英汉句法上的差异是由文化传统上的差异造成的（陈嘉映 2003：296－299）。

杨元刚（2011：123－124）也认为，语言和思维是互相作用、关系紧密的统一体。一个民族的哲学思想孕育了该民族的思维模式，一个民族的思维模式模塑了该民族语言的语法形态，一个民族语言的语法形态特征规范着该民族的语言表达法，反过来又影响了该民族的思维方式、思维特征和思维风格，因此一个民族语言的语法特征反映了该群体在漫长的历史发展过程中所形成的语言心理取向。"天人合一""主客一体"是中华民族的哲学文化传统，而"天人相分""主客对立"是西方民族的哲学文化传统，前者孕育了汉民族悟性思维和主体意识的习惯，造成了汉语语法是一种语义驱动型语法；而后者孕育了英语民族理性思维和客体意识的习惯，培育了英语语法是形态驱动型语法。

也有学者从语言本体角度审视汉语意合特征的动因。刘宓庆（2001：165）总结了汉语语法不同于印欧语言语法的三个异质特性，也是汉语语法意合特点的发生机制：1）汉语的文字体系和声韵体系独树一帜，不具备形态学发生机制；2）汉语句子的形态是弱势的，意念是强势的；3）汉语的句法生成倚仗意念的直接对接和组合，思维不必经过繁复的形态变化与整合，可以以词根依线性直接投射于外化的语言形式。

总而言之，汉语靠意义构造句子和组织话语，英语靠形式构造句子和组织话语，而造成这种跨语言差异的主要原因在于中西文化的差异。

下面，我们按照从上到下、从外到里的顺序，从语言与文化的关系、语言与语言的关系、语言内形和意的关系、语言形式的内涵与外延等方面对"汉语重意合，英语重形合"的文化决定论提出质疑。

第二节　语言与文化的关系

洪堡特（2005：17）认为，语言的哲学研究就是为了揭示"人以哪些不同的方式造就了语言，并且把自身的思想世界的哪些部分成功地植入了语言；民族的个性怎样影响了语言，而语言又对民族的个性产生了怎样的反作用"。文化与语言的密切关系是不容置疑的，但就"意合—形合"问题而言，中国传统哲学的整体观和综合模糊的思维模式是如何造就了汉语的意合特征呢？

我们先看一段对中国传统文化与汉语意合特征之间关系的具有代表性

的论述：

> 中国古典哲学整体观和汉民族的综合思维优势使汉语逐渐朝着显著意合特征的综合性语言方向发展，而西方哲学原子观和西方民族的分析思维使英语等西语朝着显著形合特征的分析性语言方向演化。中西哲学观念上的差异是形成各自对应语言形态特征差异的能动的理性根源。汉民族的模糊思维客观上要求其语言在使用逻辑联结词时具有灵活、简约的特征，从而使语言必然呈现出意合特征；西方民族形式逻辑式的思维客观上则要求其语言在表述逻辑关系时必须依赖连接词，因而其语言必然呈现出形合特征。思维实际运作中，汉民族的综合思维和模糊思维往往伴随着整体观照及汉民族独特的审美观念，彼此之间互为解释、互为补充因而交相辉映，共同融合在博大精深的汉文化之中。

> （张思洁、张柏然 2001：17）

概括起来，张思洁、张柏然（2001：17）表达了两层意思：1）中国传统文化中的哲学整体观和综合思维模式决定了汉语朝着意合的方向演化；2）汉民族的模糊思维模式决定了汉语的意合特征。乍一看，这段话比较清晰地阐述了中国传统哲学的整体观和综合、模糊的思维模式与汉语的意合特征之间的因果关系。但如仔细分析，我们会发现其中包含的事实和理论缺陷。

首先，张思洁、张柏然（2001：17）的论断，和许多学者对中国传统文化与汉语意合特征之间的关系所作的论断一样，主要强调中国传统文化中的哲学整体观和综合思维模式与汉语的意合特征之间是前因后果的关系，但在谈到这一因果关系发生的内在机制时，往往语焉不详，一笔带过，让人不得不怀疑：他们对中国传统文化与汉语意合特征之间的因果关系的判定并没有建立在有效的理论和实证之上，或许中国传统文化与汉语意合特征之间本来就没有因果关系。

其次，在张思洁、张柏然（2001：17）的论述中，中国人的哲学整体观决定了中国人的综合思维模式，从综合思维模式衍生出来的模糊思维模式要求汉语灵活简约地使用逻辑联结词，从而使汉语出现了意合特征。和许多研究汉语意合特征的学者一样，他们对意合持有一种非常片面的理解。实际上，意合可以出现在词缀、词、短语、句子、复合句、语篇等多个语言层面上①。汉语在这些层面上的意合特征是否都是由中国人的模糊思维模式造成的呢？比如，汉语句子中主语和谓语不带显性的表达一致关系的语法标记，这是否就是中国人的模糊思维模式造成的呢？事实上，尽管汉语句子中主谓语不带显性的一致语法标记，可是汉语使用者对主谓关系的理解一点也不模糊。

再次，张思洁、张柏然（2001：17）认为，中国的传统文化特征决定了汉语的演化方向，这也夸大了文化对语言的影响力。语言是一个规约系统，语言规约就是语言演化的基因。和生物系统一样，语言的演化受到遗传机制、变异机制和选择机制的共同制约。遗传机制通过语言规约的固化使得语言具有连续性和继承性，变异机制通过语言规约的多样化为语言演化创造条件，选择机制对多样化的语言规约进行"自然选择"，淘汰某些规约，而保留另一些规约（葛忆翔 2008：120 - 123）。语言演化是一个系统复杂的过程，遵循从不规则到规则、从不经济到经济、非符号性到真正符号的方向，而推动语言演变的既有社会动因、心理动机（思维和情感）、语言政策与大众媒体等外在因素，也有来自语言系统内部的因素（井春燕、甘世安 2010：75 - 77）。文化只是影响语言演化的外在因素之一，并不是决定语言演化方向的唯一因素。中国的传统文化特征如何渗透于语言演化的遗传机制、变异机制和选择机制，如何顺应了语言从不规则到规则、从不经济到经济、非符号性到真正符号的演化方向，还不得而知。现代汉语与古代汉语相比，在语法结构和话语组织方面有着很大的不同，意合的特征大大减弱，这是否意味着中国的传统文化特征发生了变异，中国人的哲学整体观朝着西方人的哲学原子观靠近，中国人的整体和模糊思维模式向着西方人的分析和逻辑思维模式发展呢？

最后，学界对文化特征与语言特征之间关系的比较研究基本上都局限在中西两种文化和中英两种语言之间，树立了"西方文化特征决定英语形

---

① 参见第一章第二节。

合特征，中国文化特征决定汉语意合特征"的主流观点。假如我们把这种比较研究延伸到第三种文化和相应的第三种语言，是否也能得出该文化塑造该语言的结论呢？我们以非洲文化与斯瓦西里语为例来回答这个问题。非洲文化（主要指撒哈拉以南非洲）无论在地理上还是历史上都与西方文化和中国文化没有多少关联。Dixon（1976）曾对非洲和欧美两大世界观（worldview）体系作过详细的对比，他认为世界观由价值论（axiology）、认识论（epistemology）和逻辑（logic）三大要素构成，非洲人的世界观和欧美人的世界观在这三个方面具有明显的差异（1976：53－55）。在价值论方面，欧美人的主流取向是"人和物"（Man-to-Object）的关系，注重"做事、未来、个人主义和战胜自然"；非洲人的主流取向是"人和人"（Man-to-Person）的关系，注重"存在、过去和现在、集体主义和与自然和谐相处"；这种差异的核心是"自己与他人/物"（the self and the other）关系的差异（1976：56）。在认识论方面，欧美人的主流取向是"客体—测量认知"（Object-Measure Cognition），而非洲人的主流取向是"情感—符号意象认知"（Affect-Symbolic Imagery Cognition），两者的核心差异在于主体是否会与客体拉开认识上的距离（empty perceptual space）：欧美人倾向于"我先从现象后退一步，再琢磨、算计和思考，然后我明白了，因此我在，我有感觉"，而非洲人倾向于"我感觉到了现象，因此我思考了，我明白了"（1976：67－69）。在逻辑思维方面，欧美人的主流取向是二分逻辑［dichotomous（either/or）］，二分逻辑在作为认识客体的各现象之间留有空白区域，一个现象非黑即白，不能亦黑亦白，即把现象看作是非连续性的或现象之间存在空隙，这种思维方式和认识主体与认识客体之间拉开距离的认识论取向是一致的；非洲人的主流取向是二合逻辑［diunital（both/and）］，二合逻辑在作为认识客体的各现象之间不留空白区域，两个现象亦分亦合，即把现象看作是连续性的或现象之间没有空隙，这种思维方式源于认识主体与认识客体和谐归一的认识论取向（1976：75－76）。总体来看，非洲人的传统哲学思想和思维方式比较接近中国传统文化下的哲学整体观和综合思维方式，而与西方传统文化下的哲学原子观和逻辑分析思维方式相去甚远。依学界文化特征塑造语言特征的主流观点，非洲大地所孕育的语言应该重意合而非重形合，应该接近汉语而非西方语言，但事实正好相反。以非洲使用人口最多的斯瓦西里语为例,这种语言拥有超过一亿四千万的使用者,广泛分布在撒哈拉以南非洲的东部,是一种形态丰富、语法复杂的古老语言。斯瓦西里语的名词根据语义划分为 12 类,每一类都用不同的前缀来区分单复数,这些前缀不仅具有区分名词类型的语义功能,也有区分名词数的语法功能。斯瓦西里语的动词具有非常丰富的形态变化(以前缀为主),用以表达人称、时态、语气和从属句。斯瓦西里语非常讲究一致关系,一致关系围绕名词而建立,动词带有分别表示与作为主语和宾语的名词的类型相一致的前缀,形容词、介词和指示词也带有表示与名词类型的一致关系的前缀。整体来看,斯瓦西里语拥有成熟的语音、形态、词汇、语法和文字系统,其复杂和先进程度不亚于任何一种欧洲语言,其形合特征非常明显,是一种超级综合型语言,与作为典型性分析型语言的汉语相去甚远。总而言之,从非洲文化特征和语言特征所提供的比较视角看,"西方文化特征决定英语形合特征,中国文化特征决定汉语意合特征"的观点所包含的因果关系并不现实。

最重要的是,大多认为中国传统哲学的整体观和综合模糊的思维模式塑造了汉语意合特征的学者都忽视了语言对文化的影响力。实际上,语言作为人类的物种属性,对人类文化的形成有着深刻的影响。Humboldt(1836/1999:46)认为,语言是人类进化的必要阶段,各个民族由此才得以进入高级文明,走上诗歌创作和思想辨析的道路。Wittgenstein(1922)曾说过"我的语言限制着我的世界",Sapir(1941)也说过"'真实世界'是无意识地建立在社会群体的语言习惯之上的"(Gleitman & Papafragou 2004:633)。一个人在儿童时期使用的语言会对其社会文化态度、信念、记忆和情感的形成产生强烈和普遍的影响,这是很多人类学家、社会学家、认知心理学家和语言学家的共识。语言影响人们对世界的认识,这是著名的"语言相对论"。语言相对论包含了三个逻辑层次:1)不同的语言在词的意义和句子的结构方面会有显著的差异;2)一种语言的语义系统会影响使用这种语言的人对世界的认知和概念化的方式,甚至完全决定其思维方式;3)使用不同语言的人具有不同的思维方式。"语言相对论"的基本思想在 Humboldt(1836/1999)中初见端倪,在 Wittgenstein(1922)和 Sapir(1941)中也有表达,在 Whorf(1956)中更是得到正式和详细的阐释。在 Whorf（1956）之后，学界做了大量的研究工作对"语言相对论"进行证实和证伪，"语言相对论"有了不同的版本，其差异体现在语言影响思维的不同方式和不同程度上，如下图所示：

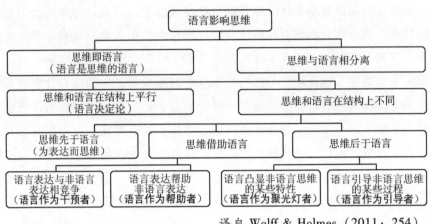

译自 Wolff & Holmes（2011：254）

在"语言相对论"的七种观点中，前两种观点，即"语言是思维的语言"和"语言决定论"，缺乏充分的理论依据和经验基础，逐渐被学界所抛弃。但是，另外五种观点，即"为表达而思维""语言作为干预者""语言作为帮助者""语言作为聚光灯者"和"语言作为引导者"，都建立在经验证据之上，在学界得到广泛的支持，指向语言会塑造思维方式的结论（Wolff & Holmes 2011：261）。针对汉语语言特征和汉语使用者的思维方式之间的关系，Boroditsky（2001）作过一项专门的研究，其研究结果也支持了语言塑造思维方式的结论。他的研究问题是，英语和汉语表达时间的方式不同（英语是横向的，汉语是纵向的），这是否会反映在英语使用者和汉语使用者的时间思维方式中呢？Boroditsky（2001）用实验的方法证实了英汉两种语言中不同的表达时间的方式的确会造成它们的使用者的时间思维方式的不同。基于语言影响思维的普遍结论，我们有理由提出这样的设想：汉语语言本体的某些特征塑造了中国人的综合性模糊性的思维方式。

第三节　语言变异的普遍语法解释

文化的视角并不是观察两种语言在表达方式上的差异的唯一视角，语言本体也是观察语言差异的可能视角，普遍语法理论就是从语言本体的属性出发来解释人类语言的彼此差异的。

根据普遍语法理论关于外在语言与内在语言的区分，探究人类语言的机理要以内在语言作为研究对象。同理，探究汉语的意合特征的动因也不能忽视汉语语言本体的内在规律。汉语和英语在"意合—形合"问题上的对立属于语言使用的范畴，语言使用会受到文化、心理、生理等因素的影响，但主要是基于人的语言知识。语言知识（competence）和语言使用（performance）是语言学理论中的一个基础性的区分，前者指一个"说话人—听话人"关于自己语言的知识，后者指一个"说话人—听话人"在具体情境下对语言知识事实上的应用（Chomsky 1965：4）。我们观察到的语言使用的情况或许能为我们研究语言知识的本质属性提供线索和证据，"但［语言使用本身］肯定不能成为语言学研究的真正主题，如果语言学要成为一门严肃的学科的话"（1965：4），这是因为"自然言语记录往往包含大量诸如错误起头、违反规则、话中变卦等情况，而语言学家和正在习得语言的儿童所关注的是如何从语言使用的语料中提炼出'说话人—听话人'掌握的并投入实际使用的基本规则系统"（1965：15）。语言理论的构建需要理想化的情景，即一个理想的语言使用者，他/她处在一个完全同质的言语社区，他/她具备完整的语言知识，他/她在实际运用自己的语言知识时完全不受与语法无关因素的影响，如记忆限制、精神分散、注意和兴趣转移、偶然或典型的语误等（1965：3）。语言理论构建的理想化追求需要排除语言外因素（如文化）的干扰，而将注意力集中到语言系统本身。语言知识和语言使用的区分后来演化成了一对接近但不完全相同的概念：内在语言（Internal Language）和外在语言（External Language）（Chomsky 1986）。内在语言是指一个本族语者的语言知识，是其心智的一个内在表征系统；外在语言是一个本族语者对语言知识的使用，包括各种外在言语行为的形式和结果。外在语言本身不构成一个有机的整体，具有不稳定、不连贯、偶发性等特点，不宜作为语言理论构建的对象。内在语言作为人的心智的一部分，具有系统性、稳定性、连贯性、必然性的特点，才是语言研究的真正对象。

根据普遍语法理论，人类语言既有共性也有个性，语言变异是基于普遍语法的参数设定所造成。同样，汉语意合特征和英语形合特征的对立也有可能从参数变异的角度来解释。普遍语法理论认为，儿童具有与生俱来的语言知识，这种先天性的语言知识是儿童快速、有序、高效地习得母语的必要条件，这种知识是普遍的，也叫普遍语法。普遍语法要发挥作用，必须要有语言经验的触发。儿童在母语环境中沿着普遍语法设定的路径高效地习得母语知识。因儿童所在的语言环境不同，他们所习得的母语也因人而异，母语知识也叫生成语法。可见，普遍语法是先天的、不同语言环境下的儿童所共享的、抽象的，而生成语法是后天习得的、因语言而异的、现实具体的。每种语言的生成语法既包含着与其他语言的共性特征，也包含着与其他语言不同的个性特征，而普遍语法包含的则是所有人类语言的共性特征。普遍语法所包含的语言共性包括两类：一是具有语言普遍性的原则，一是因语言取值不同的变异参数。语言的习得就是根据具体的语言经验进行参数设定的过程，语言之间的差异可以归结为参数取值的变异（Chomsky 1995：6）。语言之间的差异是不容置疑的，但语言共性也是不可忽视的。如下表所示，人类语言在各个层面存在一些基本的共性，这些共性保证了人类语言系统在宏观上的同一性。相比之下，人类语言的个性存在于微观层面，需要寻找相关的参数来解释。

类型	含义
语言接口共性	每一种语言都通过语义和语音两个接口让语言演算系统与语言互动系统互动
语言系统共性	每一种语言都有语音、形素、词、短语、句子、语篇等不同层次
结构依赖共性	每一种语言中句子成分在结构上互相依赖
句子成分合并共性	每一种语言中句子构造方式是相同的，即二分合并
音义关系共性	每一种语言中形式和意义的关系都是随意的
概念语法化共性	每一种语言中基本词汇划分大致相同，每一种词类被赋予一定的语法特征
概念词汇化共性	同一概念在不同语言中被词化，不同语言的词汇系统大致对应
语音组合共性	不同语言音节中的音位组合遵循大致相同的规律
语音共性	不同语言使用一些不同的音位，不同语言的音位使用一些相同的区

在普遍语法理论的框架内，语言习得是一个根据语言经验对大脑语言器官的初始状态（即普遍语法）中的各个参数进行取值的过程，完成一整套的参数设定就意味着儿童具备了内在语言，就可以使用语言进行交际了。由于每个参数的取值因语言而异，不同语言环境的儿童所习得的语言也就不同。我们不禁要问："这些参数是什么？在哪里？有多少？"Chomsky 认为，人类语言共享一套普遍原则和数量有限的参数，任何语言的生成语法都是这些原则和参数发挥作用的结果，因此不存在仅属于个别语言的规则，也不存在传统意义上的语法结构。每一种语言的认知系统都由一个演算系统（computational system）和一个词库（lexicon）构成。演算系统负责构造语句或语言表达式（linguistic expressions），也就是能够通过语音和语义接口被语言使用系统所接受的音义结合体〔（PF，LF）pairings〕；词库负责提供演算系统构造语言表达时所需的构件，也就是词汇成分。词库提供给演算系统的词汇成分不能包含冗余信息，要排除任何可以通过演算系统中的普遍原则预测或推导出的信息（1995：6 - 7）。这样一来，演算系统和词库互不包含对方信息，界限清晰，分工明确。由于语言演算系统具有跨语言的普遍性，语言变异的根源只能存在于词库。词库由词项组成，词项可分为词根和词缀；词缀又分为派生词缀（derivational）和曲折词缀（inflectional）；同时，词根和词缀都是形素（morpheme），而每个形素是由语音、语义和句法三类特征构成的复合体（Chomsky 1995：20，236）。因此，从理论上讲，不同语言词库的差异只有可能存在于词根、派生词缀或曲折词缀的属性。目前，关于不同语言词库的差异，主流观点是这种差异集中在语义接口不能被解读的形式特征（uninterpretable formal features）上，一种更激进的观点是这种差异集中在功能范畴（functional categories）的形式特征上（Chomsky 1995：6）。不管怎样，语言的差异应该归结到词库的差异，这一点是学界所公认的。

普遍语法理论运用一套普遍原则和变异参数来解释语言习得和语言变异，其理论动因是对人类语言的本质属性的认识。Chomsky（2000a）从伽利略的自然主义和笛卡尔的二元论出发，对人类语言的本质有独到的认识。语言的习得和使用必须依赖大脑的某种官能，这是不争的事实。人类的语言官能是人类的一个物种属性，在人与人之间差异很小，且其他物种不具有类似的属性。语言官能在人类生活、思维和交往的方方面面都是不可或缺的。我们有理由把人的语言官能看作是人的"语言器官"（language organ），正如视觉系统、免疫系统、循环系统等是人体的组成部分一样。语言器官的基本特点也是基因决定的。因此，语言也是自然界的一部分，研究语言就是研究存在于自然界的一个真实对象，即人的大脑及其状态和功能。正如其他科学分支分别研究世界的机械的、化学的、光学的及其他等等方面一样，语言学研究的是世界"心灵性"的一面。语言研究最终将走向与生物科学的融合。可见，语言的本质是一个人类所拥有的、有别于其他物种的生物器官。从生物学的视角看待语言，语言具有两大凸显的特征：一是经济性（economy），二是递归性（recursion）（Chomsky 1995：168；Hauser, Chomsky & Fitch 2002）。语言的经济性是指语言器官是一个自然完美的系统，不包含冗余的部件和功能；语言演算系统以最为经济的方式运行，演算生成的语言表达以最经济的形式呈现；语言系统遵守"经济原则"，具备自我平衡和调节的功能。语言的递归性和离散无限性（discrete infinity）是同一的概念，指若干较小的语言单位组合形成较大的语言单位，它基于语言符号的任意性和无限性，依靠二分合并（binary merge）手段，造就语言的能产性或创造性。

综上所述，普遍语法理论为我们提供了一个观察汉英语言"意合—形合"问题的新视角。除了从语言外因素入手探讨汉英语言"意合—形合"问题，我们更应该将研究的目光深入到汉英两种语言系统的内部，在承认汉英两种语言之间存在普遍共性的前提下来探讨它们各自的个性特征，从词库中寻找导致"汉语重意合，英语重形合"的根本动因，发现引起汉英语言"意合—形合"对立的变异参数，并且从生物语言学的视角将"汉语重意合"和"英语重形合"都看成是两种语言对经济性和递归性规律的分别体现。

第四节　"形"与"意"的关系

"汉语重意合，英语重形合"的观点包含着这样一种认识：语句既可以靠意义来生成，也可以靠形式来生成；或者说，语句生成的基础可以是意义，也可以是形式。这种认识根植于对语义和句法关系的错误理解。语义和句法属于完全不同的两个语言层面，两者中间只能有一个可以作为语句生成的基础。事实上，所有语句的生成都要靠形合，意合不能作为语句生成的手段。以语义作为语句生成的基础是生成语义学（Generative Semantics）的观点（Ross 1965；Lakoff 1970，1971，1976；Postal 1972；McCawley 1976），以句法作为语句生成的基础是解释语义学（Interpretive Semantics）的观点（Katz & Fodor 1963；Chomsky 1965，1972）。生成语义学和解释语义学之间发生过激烈的交锋，最后以生成语义学的被抛弃而告终。

Chomsky（1965）提出生成语法的"标准理论"（Standard Theory），认为生成语法包含一个深层结构（Deep Structure）。如下图所示，深层结构是由从基础部分中提取的词项按一定规则构成的最基本的句法结构。深层结构要经过若干转换操作之后成为表层结构（Surface Structure），表层结构再进入语音部分获得语音形式。句子的意义依据深层结构来解读，但深层结构的本质是一个抽象的句法结构。

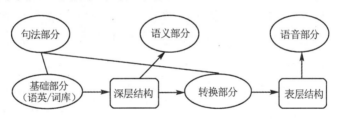

标准理论模型（Chomsky 1965）

Ross（1965）、Lakoff（1970，1971，1976）、Postal（1972）、McCawley（1976）等人对"标准理论"中的深层结构做出了完全不同的解释。他们认为，深层结构本质上是一个语义结构，是只包含命题、名词和动词三种范畴的高度抽象的结构，是句法结构生成的基础，即深层结构经过转换操作，形成表层结构，最后由语音部分赋予语音形式，而且转换操作不会改变句子的语义结构。换言之，深层结构作为一个语义结构，具有句法生成的功能。这种理论被称为生成语义学，与 Katz & Fodor（1963）、Chomsky（1965，1972）等所坚持的句子意义源于对深层句法结构的解读的观点相对立，后者被称为解释语义学。

生成语义学的主要缺陷在于：1）将深层结构当成一个只包含命题、名词和动词三种范畴的高度抽象的语义结构，接近于逻辑学中的命题结构，不能容纳自然语言中除名词和动词以外的其他语类；2）转换操作有可能改变深层结构的意义，所以深层结构不能作为句子意义的唯一来源；3）没能建立起由深层语义结构到句法结构的合理的投射机制；4）没有解决词项插入（lexical insertion）的问题，即词项在句子生成的哪个环节进入句子结构；5）试图在深层语义结构中纳入语用意义，混淆了语言知识和世界知识的界限，导致了一个庞杂的"语义—语用—句法"复合理论，却解决不了语义和句法的接口问题。鉴于此，生成语义学没能得到学界的足够支持，在20世纪七十年代末期已经淡出了人们的视野。

与生成语义学的命运相反，解释语义学始终坚持句法知识在人的语言知识中的核心地位，始终坚持句法的自治性，始终坚持句子意义的解读必须依据句法结构的观点。尽管生成语法理论历经不断修订，但句法先于语义的认识一以贯之。在"标准理论"中，语义的解读依据深层结构。但研究发现，转换操作可能改变句子的意义，于是在"扩展的标准理论"（Chomsky 1972）中，语义的解读既要依据深层结构，又要依据表层结构，如下图所示：

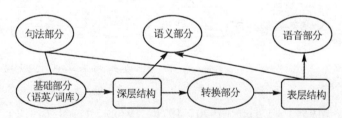

"扩展的标准理论"模型（Chomsky 1972）

在"修订的扩展的标准理论"（Chomsky 1977）中，"语迹"（trace）被引入表层结构。这样一来，语义的解读只需依据单一的表层结构，如下图所示：

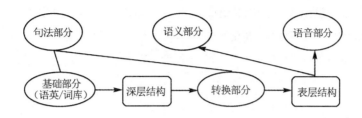

"修订的扩展的标准理论"模型（Chomsky 1977）

"管辖—约束理论"（Chomsky 1981）延续了"修订的扩展的标准理论"关于语义解读的思想，句法操作完成的 S—结构（相当于之前的深层结构）进入逻辑形式部分，由相关的语义解释机制赋予其语义，如下图所示：

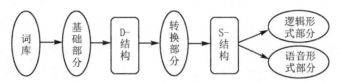

"管辖—约束理论"模型（Chomsky 1981）

在句法最简方案（Chomsky 1995）中，语言认知系统负责语句的演算，推导完成的语句通过语义和语音两个接口进入语言使用系统。句法演算系统推导出句子的句法结构，而句子意义则由语义接口中的语义解释机制依据句法结构来生成。换言之，语义来自对句法结构的解释。

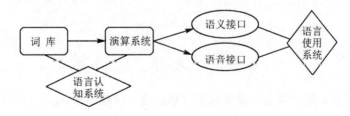

"句法最简方案"模型（Chomsky 1995）

总之，语句的生成是靠形式还是靠意义，这一问题代表了形式语言学的两大流派的思想冲突：生成语义学（造句靠语义，语义决定形式）和解释语义学（造句靠形式，语义源于对形式的解释）。"汉语重意合，英语重形合"的观点等于说汉语符合生成语义学，英语符合解释语义学，这是荒谬的。

第五节 "形合"之"形"

根据普遍语法理论的基本原理，语句的生成是运用形式化规则对构句成分进行操作的结果，是靠"形"而合；句子意义源于对"形"合而成的句法结构的解释，语句的生成并不需要意义的参与。因此，"意合"和"形合"不在同一对等的层面上，"意合"算不上一个严谨的语言学概念，所有语句的构建要靠"形合"。那么"形合"中的"形"具体指什么呢？

根据 Bloom & Lahey (1978)，语言包含彼此独立却又互相重叠的三大部分：内容、形式和使用（如下图所示），三者重叠的部分代表语言使用者的语言知识和整合三者所形成的使用语言进行交际的能力。语言形式指语言的表面特征和这些特征的组合方式，即各类语言单位（音位、音节、形素、词、短语、句子等）及其组合规则。制约语言单位组合的规则系统则为语法，涉及音系（phonology）、形态（morphology）和句法（syntax）三大领域，分别关照语音如何组合构成音节、形素如何组合构成词以及词如何组合构成句子（Lahey 1988）。

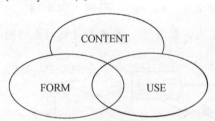

将语言单位的组合方式作为语言形式的一部分也是 Sapir (1921) 的做法。在 Sapir 看来，语言形式既包括语法过程（grammatical processes），也包括语法概念（grammatical concepts）。前者规定语言单位的组合方式，如词序、合成、加缀（前缀、后缀、中缀）、词根或语法成分的内部修改、重复、音变等；后者规定语言单位的语法身份，如各种词类、句子成分、语法范畴、一致关系等。

可见，"形合"之"形"即为语言形式，既包括各类语言单位，也包括语言单位的各类组合方式，还包括语言单位的语法身份。

语言形式的跨语言变异不言而喻，语言形式变异在语言单位、语法概念和语法过程三个方面都有体现，但变异的根源到底在哪一部分呢？根据普遍语法理论，语言的演算系统具有跨语言的普遍性，语言变异的根源要追溯到词库。也就是说，语言形式中的语法概念和语法过程属于语言演算系统，具有普遍性，而作为语法概念载体和语法过程对象的语言单位才是语言变异的根源所在。打个比方，生成语句就像厨师做菜。一名厨师具有一整套的烹饪技术，可以烹调出过桥米线、牛肉拉面、凉拌三丝等不同菜肴，这些菜肴都可以吃，但在色、香、味、形、营养等方面有一定差异。有人会说差异的原因在于烹调方法不同，其实根本的原因在于食材不同。因为原料不同，厨师就得用不同的方法，最后做出不同的菜。食材不同是根本性差异，烹调方法不同是派生性的差异。词库中的词项就如同食材，句法演算系统中的句法操作就如同厨师的一道道工艺，不同语言的语句就如同一道道不同的菜肴。

总之，语言形式中造成语言差异的根本因素是语言单位。要探究所谓"汉语重意合，英语重形合"的根源，就应该考察汉英两种语言在基本语言单位方面可能存在的差异。然而，学界在基本语言单位方面探索汉英语言差异根源的研究成果并不丰富，其中具有代表性的是赵元任（1975）、徐通锵（1997）、潘文国（2002）、程雨民（2003）等人所持有的"汉语字本位理论"。

根据"字本位理论"，作为思维基本单位的概念在汉语中的对应形式是字，而在英语中的对应形式是词（word），但在语言系统中汉语的字和英语的词并不对等。在说英语的人谈到词的大多数场合，说汉语的人说到的是字，但这并不意味着汉语的字的结构特性与英语的词相同。在中国人的观念中，字是中心主题，词是副题。字是汉语基本结构单位，词是英语基本结构单位。说字是中国人观念中的中心主题，就是说汉语的结构以字为本位，应该以字为基础进行句法结构的研究，本位就是研究语言结构的理论核心。汉语的字和英语的词单独看起来微不足道，但是作为语言基本结构单位，它们之间的差异却能影响英汉两种语言的整体结构。英语中的词具有形态发生条件，普遍带有形态功能标志，如时态、语态、名词的单复数以及动词第三人称变化等都可以通过词形本身一目了然，从而造成英语语法结构显性化。相比之下，汉语的字不具备形态发生功能。由于字在外观上呈方块形，字与字之间不会发生结构联结，英语中词形的变化在汉语的字上就不能得到体现，这就使汉语在表达思想时更多依靠语义和语序等要素，从而造成汉语语法结构隐性化。这是导致汉语重意合、英语重形合的主要原因。

　　"汉语字本位理论"从微观的语言本体内部解释"汉语重意合、英语重形合"现象，相对于宏观的文化视角解释是一大进步，的确触摸到了汉英两种语言的根本性差异。但是，"字本位理论"本身也有值得商榷的地方。尽管"字本位理论"将"字"定义为汉语的基本语言单位，一个形、音、义的结合体，但很容易使人认为这一理论只针对书面语言，因为狭义的"字"指的是作为书面语言符号的文字。相比之下，口头语言更接近于语言的本质。如果在观念上不能脱离书面文字的束缚，就会妨碍研究者看清汉语的真相。还有，"字本位理论"试图从汉语实际出发另起炉灶，构建汉语理论体系，比较排斥西方语言学理论的框架或不愿参照西方语言的理论体系。缺失了比较的目光同样会妨碍研究者看清汉语的真相。我们不妨简单参照英语的形态系统来观照一下汉语的"字"，以期解释汉语的"字本位"如何塑造了汉语的意合特征。

　　"字本位"理论把"字"定义为"具有形、音、义的最基本的语言结构单位"，这一定义正好符合西方语言学中的"形素"（morpheme）。因此，汉语的字与英语的形素是真正的语言系统中的对应物。下面我们来看看汉语的字和英语的形素、分别构成它们的成分、它们构成词的情况有什么差异以及这种差异可能产生的后果。

　　第一，我们看汉语字/英语形素本身的构成。汉语字一般由一个单音节构成，而且这个单音节是开音节；英语形素可以由单个辅音或辅音连缀或单个元音或一个音节、两个音节、三个音节等构成，并且音节不限于开音节。

　　第二，再看汉语字/英语形素构成词的情况。汉语字可以单独成词，也可以两个或三个或四个字成一个词，四个以上字构成词的情况比较少见。英语形素可以单独成词，也可以两个或两个以上形素构成一个词，如pneumono-ultra-micro-scopic-silico-volcano-conio-sis（硅尘肺病）就是一个有多个形素构成的英语词。

第三，汉语的音节构成字和字构成词的手段是极其有限的，过程是极其机械的；英语的音或音节构成形素和形素构成词的手段是非常多样的，过程是极其灵活的。相应地，汉语的构字成分、字以及词与英语的形素成分、形素以及词之间存在悬殊的数量差异。汉语音系中的辅音和元音一共可以组合构成420个左右的单开音节，再用四声区别，可以增加到1300个左右，这就是汉语所有的构字成分。1300个音节构成了大约7000个汉字，造成大量的同音异义字。根据商务印书馆2008年出版的《现代汉语常用词表》（草案），大约7000个汉字构成了56008个常用词，其中单音节词有3181个，双音节词有40351个，三音节词有6459个，四音节词有5855个，五音节和五音节以上词语有162个。英语中，构成形素的成分、形素以及词的数量分别远远超过了汉语中构成字的成分、字以及词的数量。1989年出版的20卷套《牛津英语词典》（第二版）收录了171476个仍在使用的词和47156个不再使用的词，这还不包括9500个派生词。

第四，汉语字的创造受到严格的约束，能产性低，造成大量一音多字和一字多义现象；英语形素的创造受到的限制很少，能产性高，一音多形和一形多义的现象比较少。汉语音字对应和字义对应的程度比较低，而英语音形对应和形义对应的程度要高出很多。

第五，汉语表达的必然选择是节省形式，少用或不用词，表意不求清晰具体，听话人需克服困难填补语义空白。英语表达的必然选择是用丰富的形式进行精细的表达，听话人可以轻松理解。

最后，我们可以达到对所谓"意合"的本质的认识了：语言系统没有提供充分的表达形式（字/形素或词），说话人"别无选择"地简洁表达，听话人从无形处发现意义；汉语的所谓"意合"特征并不是中国传统文化的杰作，而是汉语形态系统的自主选择。

第六节 小结

学界普遍认为，"汉语重意合，英语重形合"是由中西传统文化差异造成的。本章针对这一传统观点，从语言与文化的关系、跨语言差异的普遍语法解释、"形"与"意"的关系、"形合"之"形"的概念四个方面予以证伪。在语言与文化的关系方面，我们以非洲传统文化和斯瓦希里语为例说明了文化不一定与语言之间有必然的对应关系，从语言相对论角度说明了语言对文化有比较明显的塑造作用，"汉语重意合，英语重形合"可能不是果，而是因。在跨语言差异的普遍语法解释方面，我们提出，应该在承认汉英两种语言之间存在普遍共性的前提下来探讨它们各自的个性特征，从词库中寻找导致"汉语重意合，英语重形合"的根本动因，发现引起汉英语言"意合—形合"对立的变异参数。从"形"与"意"的关系方面看，"汉语重意合，英语重形合"的观点等于说汉语符合生成语义学（造句靠语义，语义决定形式），英语符合解释语义学（造句靠形式，语义源于对形式的解释），这是荒谬的；其实任何语句的生成都要靠形式。从"形合"之"形"的概念方面看，语言形式既包括各类语言单位，也包括语言单位的各类组合方式，还包括语言单位的语法身份；语言形式的跨语言变异在语言单位、语法概念和语法过程三个方面都有体现；根据普遍语法理论，语言的演算系统具有跨语言的普遍性，语言变异的根源要追溯到词库。也就是说，语言形式中的语法概念和语法过程属于语言演算系统，具有普遍性，而作为语法概念载体和语法过程对象的语言单位才是语言变异的根源所在，所谓的汉语"意合"现象可能与汉语的"语素"特性有关。

第三章　汉语零形素与汉语意合特征

　　从普遍语法理论看，汉英"意合—形合"差异应该归因于汉英词库的差异。从第二章第五节的分析看，汉语形素比英语形素受到更多限制，最终导致汉语词库中的词项要比英语词库贫乏，这可以作为对汉语意合特征的语言本体解释。汉语词库缺少某些词项，其结果是汉语句子中出现一些表达或形式上的空缺，这就是汉语的意合特征。如果汉语句子因词库缺少某些词项而出现表达或形式上的空缺，是否会影响到句子的合法性和交际功能呢？实际上，尽管一个汉语句子中包含表达上的空缺，但其合法性和交际功能可能不受影响。句法学对这种现象的解释是：不同语言的句子结构是大致统一的，同一语句的某个结构位置在甲语言中由一个有形成分占据，在乙语言中可能由一个零形式成分占据。换言之，某种语言中句子形式上存在空位并不是意味着那个位置什么都没有，那个位置上可能有一个具有句法功能和语义内容但缺乏语音形式的成分。这种解释符合 Chomsky（2001：2）关于语言研究的"同一性原则"（Uniformity Principle）：在缺乏指向相反结论的有力证据的情况下，要认为语言是统一的，语际差异仅限于显而易见的话语特征。

　　本章主要对汉语句子中的零形式进行分类描写，区分语用层面的省略、句法层面的空语类和形态层面的零形素，然后从经济原则的角度对语句中零形式的动因进行阐释，最后简单讨论语句零形式与汉语意合特征的关系。

第一节　汉语零形式句法成分的类型

汉语句子中具有句法功能和语义内容但缺乏语音形式的零形式（zero form）比比皆是，成因不一，特征多样。总体来看，汉语零形式大致可分为三类：语用层面的零形式、句法层面的零形式和形态层面的零形式。

一　语用层面的零形式

在语用层面，零形式主要表现为空位、成分缺失、零回指和省略。

空位指一个常规的句法结构位置上没有任何成分，也无需任何成分，这个位置上是否需要句法成分取决于句子的交际意图和语用功能。例如，在汉语 "V 前多项 NP 句" 的语用构型 "话题 + 主题 + 主语 + 谓语动词 + 宾语 1 + 宾语 2"（李大勤 2003）中，并非谓语动词前的每一个 NP 都必须出现，在句子 "［Ø话题］- ［Ø主题］-我没看见张三" 中有话题和主题两个空位，在句子 "张三 - ［Ø主题］-我没看见" 中有主题是空位，在句子 "我张三 - ［Ø主语］-没看见" 中主语是空位。空位只是一个没有句法成分填充的结构位置而已，既无成分，也就无句法功能和语义内容可言。因此，严格地讲，空位不是一种零形式，之所以将其摆放在这里是为描述其他类型的零形式作参照。

成分缺失指一些及物动词不带宾语的现象，缺失宾语的所指往往比较宽泛，不明确不具体，但又可以从语境中大致推测出来，动词往往表示习惯性或重复性的动作或行为，如 "这些实习医生整天都在观察 ［Ø］、记录 ［Ø］ 和汇报 ［Ø］"。成分缺失是一种语言使用遵守经济原则的规律性现象，因为缺失成分的所指比较宽泛，所以无须做具体表达，因为可以从语境推测出其大概所指，更无须清楚表达（参见张天伟 2011）。

零回指是用零形式成分回指先行词的回指形式，如 "医生很快就做完了检查，［Ø医生］脱下手套，［Ø医生］开了一个处方，然后 ［Ø医生］叫病人去拿药"，其中 4 个动词的施事均为 "医生"，但后面 3 个动词的施事为零形式。如果将后面 3 个零形式施事换成显性的 "医生"，三个句子自成一统，完全符合语法，但整体来看却不合语用习惯。可见，这种零回指具有一定的必然性，是由语篇层面的语用规律决定的（参见徐赳赳 2003）。

省略是一种常见的语言现象，普遍出现在交际话语中，主要表现为语言形式和语义内容的不匹配，即没有语言形式，却有交际者能轻易捕获的语义内容。省略是典型的零形式表达，"此处无声胜有声"，一方面是为了追求语言交际的省力；另一方面是为了追求某些表达效果。省略的对象可大可小，不限语类，请参见范开泰（1990）、张天伟（2011）等，此处不赘述。

二　句法层面的零形式

句法层面的零形式也就是空语类（Empty Category）。根据 Chomsky（1980，1982），句法空语类有四种：NP 语迹、变项、PRO 和 pro。

NP 语迹指名词性成分从论元位置移位至论元位置时产生的语迹，相关的移位主要涉及被动结构和提升结构，例如：

小偷$_i$被警察抓［e_i］了。

黛玉$_i$好像［e_i］又哭了。

NP 语迹和照应语一样，具有［＋照应性（anaphoric），－指代性（pronominal）］特征，因而受约束原则第一项的制约，即必须在管辖域内受约束。

变项也是由移位产生的，是从论元 A 位置移至非论元位置 $\overline{\text{A}}$ 的成分留下的语迹。相关的移位主要涉及关系从句、疑问句和主题化结构，但汉语的关系从句和疑问句的生成是否需要显性移位仍有争议，不过汉语主题化结构的生成需要显性移位是学界公认的，例如：

春晚$_i$我越来越不想看［e_i］了。

变项和指称语（referential）一样，具有［－照应性，－指代性］特征，因而受约束原则第三项的制约，即必须彻底自由。

PRO 是基础生成的空语类，一般处在不定式句的主语位置，如在汉语兼语结构和连动结构中：

老板叫员工［PRO］加班。

张飞跨上马［PRO］冲向前去。

PRO 既像照应语又像指代词，是指代性照应语，具有［＋照应性，＋指代性］特征，不受约束原则制约，但必须受控制（controlled）。其先行语［也称控制语（Controller）］占据论元 A 位置，有时可能不出现。先行语与 PRO 的关系不是真正的约束关系，而是一种控制关系。

pro 也是基础生成的空语类，一般处在定式句的主语位置。根据"pro 脱落参数"（the pro-drop parameter），pro 只出现在动词形态比较丰富的语中，pro 的确定要依赖表达一致关系（agreement）的形态系统。也就是说，某一语言有无 pro 取决于该语言有无足够丰富的形态系统来确定脱落主语的指称。英语中没 pro，限定句的主语不可脱落，因其缺乏足够的形态标记来确定脱落主语的指称，而西班牙语、意大利语、葡萄牙语、俄语等语言中有 pro，限定句的主语可脱落，因为这些语言有十分丰富的形态系统，即使不见主语，也能从动词形态中推出主语的人称、性、数等特征。照此来说，汉语中就不应有 pro，语句缺失主语的现象可能属于语用省略，而和句法无关。

pro 和指代词一样，具有［－照应性，＋指代性］特征，因而要受约束原则第二项制约，即必须在管辖域内自由。

三　形态层面的零形式

形态层面的零形式我们称之为零形素（zero morpheme）。零形素是相对于显性形素而言的，它们之间的区别在于：显性形素具有语音形式，而零形素没有语音形式。除此而外，零形素和显性形素一样，具有语义内容和句法功能，是句法运算中的有效构句成分。零形素最简单的例子就是英语的"数"形素：在 three goat-s 和 three sheep-Ø 中，goats 中复数由显性形素-s 表示，sheep 中复数由零形素-Ø 表示。

零形素的辨认可以在语际和语内两个层面。首先，根据语言研究的

"同一性原则"（Uniformity Principle）（Chomsky 2001：2）：在缺乏指向相反结论的有力证据的情况下，要认为语言是统一的，语际差异仅限于显而易见的话语特征。如果来自不同语言的两个句子结构相仿，意义相同，唯一的差别是甲语句某个位置上有显性成分，乙语句同一位置上无显性成分，在没有充分证据证明乙语句的该位置不能有任何成分的情况下，我们可以认为乙语句包含一个零形素，与甲语句同一位置的显性形素相对应，例如：

John　had　a leg　broken.
张三　[Ø]　一条　腿断了。

另一方面，根据"论旨角色指派统一性假设"（Uniformity of Theta Assignment Hypothesis, UTAH）（Baker 1988：46）：句法成分之间，相同的论旨关系在 D - 结构表达为相同的结构关系。Mahajan（1997）在此基础上提出了"扩充的论旨角色指派统一性假设"（Extended UTAH）：句法成分之间，相同的（论旨）关系不仅具有相同的结构关系，而且由相同的语类结构来表达，或曰：表达结构关系所涉及成分的语类也是相同的。如果同一语言中的两个句子，语义结构相同，句法结构相同，那么两个句子中相对应结构位置的成分也属于同一语类。如果甲语句中某个成分为显性成分，而乙语句中对应位置上没有成分，我们可以认为乙语句的该位置上有一个零形素，例如：

瑞瑞送给了祥祥三个苹果。
岚岚吃 [Ø] 了祥祥三个苹果。

可见，零形素和显性形素一样，是句法运算中的有效构句成分，可以认为它们也是词库的一部分，在句法运算中从词库中提取出来。越是形态系统不发达的语言，在造句时越要用到零形素，如汉语。汉语中的零形素不仅包括功能语类，也包括词汇语类，下一章将详述汉语句法中的各种零形素。

综上所述，汉语语句中存在大量零形式，各种零形式的动因和特征是不一样的。语用层面的零形式的动因主要是语用经济原则，其特征是可以从语境中获取显性成分并补缺,补缺之后的句子一般不违反句法原则,但违背语用原则。句法层面的零形式是句法运算过程的产物,虽然可以在句子一定的范围内找到相应的显性成分,但却不能补缺,补缺会导致句子不合格。形态层面的零形式属于词库中的词项,与显性词项相比,它们只是没有语音形式而已,其特征是永远不能被显性成分取代,因为没有对应的显性成分。

第二节 零形式与经济原则

一个语句中存在若干个零形式,但该句子仍然能够表情达意,实现交际功能。这正是语言遵守"经济原则"的表现。

一 经济原则

法国语言学家 Andre Martinet(1955)最早提出语言经济原则(Principle of Economy),认为在保证语言完成交际功能的前提之下,人们自觉或不自觉地对语言活动中力量的消耗做出合乎经济要求的安排。语言活动存在着从内部促进语言发展的力量,这种力量包括人的交际和表达的需要与人在体力上与智力上的自然惰性之间的基本冲突。交际和表达的需要始终在发展和变化,促使人们采用更多、更新、更复杂、更专门的语言单位;而人在各方面表现出来的惰性则要求在语言活动中尽可能减少力量的消耗,使用比较少的、省力的、熟悉的、比较习惯的或者更具普遍性的语言单位。这两方面的因素互相冲突的结果,使语言处在不断发展的状态中,并且总能在成功地完成交际功能的前提之下达到相对平衡和稳定。

Martinet(1955)主要关注到语言使用(performance)和语言历时变化遵守经济原则的情况。另外,语言知识(competence)和语言共时系统也须遵守经济原则。普遍语法理论从生物学的视角看待语言,语言具有两大凸显的特征:一是经济性(economy),二是递归性(recursion)(Chomsky 1995:168;Hauser,Chomsky & Fitch 2002)。语言的经济性是指语言器官是一个自然完美的系统,不包含冗余的部件和功能;语言演算系统以最为经济的方式运行,演算生成的语言表达以最经济的形式呈现;语言系统遵守"经济原则",具备自我平衡和调节的功能。最简方案下的普遍语法研究追求两种经济性:方法经济性(methodological economy)和语言经济性(linguistic economy)(Epstein·& Hornstein 1999)。方法经济性是指语言研究要秉持 Occam 的剃刀,在语言理论构建中削减不符合概念必要性(conceptual necessity)的内容,简化现存语言理论中复杂的部分,摒弃武断和不合理的主张;建构更简单、更自然的理论架构和分析模式,追求语言理论或假设的简明性。为了能够描述和解释更多的语言现象,语言理论必须简单,避免不合理的假设。语言经济性是指语言本身是一个完美的自然存在,呈现精致、简约的特点,遵守省力或经济原则,语法系统包含尽可能少的原则或规则,句法演算追求低成本高效率。和方法经济性不同,语言经济性所关心的是语言本质的问题。

语言经济性包括两种:一是推导经济性(derivational economy),一是表达经济性(representational economy)。推导经济性主要关心在句法推导过程中语言所体现的简约性,如短距离移位优于长距离移位,移动较小的成分优于移动较大的成分,动用较少规则的推导优于动用较多规则的推导,移位等到必要的时候才能发生,句法表达中不能有冗余的成分,句法操作只能改变成分的结构位置但不能在推导过程中增加新的成分,等等。推导经济性一直是普遍语法研究中的重要课题,普遍语法长期以来的重要研究都集中在寻找句法推导所受的各种限制以及如何克服这些限制的操作模式。推导经济性说明,语言器官是一个构造简单但运行高效的系统,正如中国人发明的算盘,结构十分简单,却能够进行复杂的加减乘除运算。表达经济性要求语言的表达形式没有冗余成分,语言结构越简单越好。最简设计理念下的语言器官所产出的语言表达形式应该以最优的方式满足接口条件,对语言表达形式的经济性要求是为了满足"完全解释原则"(Full Interpretation)(Chomsky 1995:171)。"完全解释原则"又称"光杆产出条件"(Bare Output Condition)(Ibid. 221),意思是语言系统的两大接口(PF 和 LF)只能接受符合其要求的语句,语句只有包含了必要的成分而不包含不需要的成分才能满足接口条件,为语言使用系统所接纳。因此,句法演算的任务和目标就是要产出符合接口条件的语句,而这样的语句的表达形式一定受到经济原则的约束。

邓思颖（2002）指出，汉语句子追求经济性，遵守"结构经济原则"，呈现"没有结构＞空语类（零形式）＞显性语类"的倾向。除非受到其他因素的影响（如句法、形态和语义的限制），没有结构应该是最经济的手段；其次，有句法结构但没有语音特征，简单来说，就是一个空语类（零形式）；最后的选择才是有句法结构和语音特征的显性语类。所以，汉语句子中大量零形式的存在符合自然语言的规律，是语言经济性的体现。

二　句法演算的经济性

在经济原则（方法经济性和语言经济性）的指导下，普遍语法研究试图构建出最简的语法模型（Chomsky 1995），这一模型的十大显著特征都指向句法演算对经济性的追求（Epstein & Hornstein 1999）。

特征一：最简模型只包含 PF 和 LF 两个层次，这是语言演算系统与语音系统和概念系统的接口，执行音义配对这一语言的基本功能，除此以外的其他层次都不具备概念必要性，如 GB 理论中的 DS 和 SS 层面都被剔除。

特征二：语言的递归性，即较小语言单位组合形成较大语言单位的往复循环的特点，通过循环使用"广义转换"（generalized transformation）在句法推导环节来实现。递归性基于语言符号的任意性和无限性，依靠二分合并（binary merge）手段，造就语言的能产性或创造性。

特征三：语法模块与更大认知系统中的语音和概念模块相连接，存在两个接口：PF 和 LF。语法模块产出的语言表达形式要能得到两个接口的完全解释（Full Interpretation），否则语法模块的推导是失败的。这意味着语言演算要受到来自两个接口的制约（Interface Conditions）。因此，语法模块，或曰语言演算系统，有着清晰简明的任务和目标：产出符合接口条件的语言表达形式。

特征四：特征在最简方案的语法模块中扮演重要角色。特征有可解读特征和不可解读特征之分（＋ interpretable vs. ﹣ interpretable），也有强特征和弱特征之分（strong vs. weak）。可解读特征符合接口条件，可进入 PF 或 LF 部门；不可解读特征不符合接口条件，在进入 PF 或 LF 部门前必须通过核查而消除。强特征必须在显性句法中得到核查，弱特征要在 LF 部门进行隐形核查。特征的强弱区分帮助取消了 GB 理论中的 SS，便于解释英汉 Wh‑移位、英汉动词提升等语际语法差异。对特征的二维区分也便于对 GB 理论中的控制（Control）、扩展投射原则（Extended Projection Principle）、存现结构、主语脱落等现象进行最简方案理念下的重新解释。

特征五：只有两种基本的句法操作：合并和移位。合并操作将词项逐步逐级合并成句子，移位操作对已有成分进行位置调整。

特征六：移位是一种不得已而为之的操作。语言表达形式如果包含在 PF 和/或 LF 得不到解读的特征，就违反完全解释原则，这样的特征必须在句法推导过程中得以消除。移位操作的目的正是使携带相关特征的两个成分能够处在特定的结构位置，以便它们进行特征匹配和核查，消除在 PF 和/或 LF 得不到解读的特征，造就符合接口条件的表达形式。每一步移位都是为了特征核查，不存在为了移位而移位的情况。

特征七：移位距离必须短。移位的动因是特征吸引，即某一位置的某特征吸引下面距离最近的含有相关特征的成分向上移位。特征吸引是最小的语法关系，特征移位是最小成分移位。移位始终遵守经济原则。

特征八：特征核查在"指示语—中心语"和"中心语—中心语"的结构关系下进行。也就是说，特征核查既要基于短语结构关系，而且要符合局部性（locality）条件。对一个成分进行显性移位，移动的是包含被吸引特征的整个语类，其目标是包含吸引它的特征的中心语的指示语位置；对一个成分进行隐性移位，移动的只是被吸引的特征本身而非整个语类，其目标附加于含有吸引特征的中心语，而非其指示语位置。

特征九：句法操作要符合"包含条件"（Inclusiveness Condition），不增加新成分。这一原则有助于简化 X—杠标短语结构，把短语层级结构和成分线性排序结合起来。

特征十：论旨角色和形态特征相区分，论旨角色指派与形态特征核查相分离。论旨角色指派在词汇层面进行，论旨角色只有关系性，没有特征性，因此不能被"核查"，不能引发移位。形态特征核查在功能层面进行，允许成分移位。

可见，最简方案下的语法模型，或曰语言演算系统，是一台严格按照经济原则运行的"机器"。尽管语言演算系统并不偏向使用零形式，但其对经济性的追求必然会从语言知识（competence）层面向语言使用（per-formance）层面投射和扩展，形成语言使用同样追求经济性的倾向。在语言使用层面，零形式得到特别青睐。

三 语言使用的经济性

经济就是节省，就是以尽可能小的投入去获取最大的收益。在日常言语交际中，人们遵循经济原则的主要表现在于语法结构的简约。在日常会话中，人们使用的句子多为结构简约的句子，完整无缺的句子所占的比例很小，至多有 1/3。语言使用的经济就是指在所传达的信息内容不受影响的情况下简缩话语，以此减少听说双方在编码和解码时所花费的时间和精力，从而使言语交际变得快捷而流畅。语句结构的简约常采用替代词语替换和省略两种方式。替代词语可以是代词，也可以是其他词或短语，如以下两句所示：

京东的亏损已在收窄。这一方面来自于京东在 2013 年对成本进行的控制，另一方面……

2009 年到 2012 年，京东物流费用率依次为 4.9%、5.6%、7.2%、7.4%；2013 年前三季度，该占比降为 5.8%。

省略也可称作零替代。一般而言，语言使用者在不影响表达意义的情况下总是倾向于"尽量简缩"的趋势：完整表达 < 替代表达 < 省略，如下句中的"这"替代前一句话的内容，而且有四处省略了主语：

身在淮扬的时候，其实 [Ø] 甚少有"淮扬菜"的概念。这就像人一定要等梦醒了，[Ø] 方才觉出之前是场梦一样。在 [Ø] 离家十余载之后，[Ø] 日日拿淮扬菜当家常饭食，的确已经成为一个梦境了。

遵循经济原则不仅可使语句结构简约，而且有助于以尽量简短的语言形式来获取最佳的交际效果。合理的结构简约能够突出和强调交际的主要信息，使言语的表达和接收更清晰、更准确、更迅速。就省略而言，被省略的部分一般是旧信息，省略了旧信息才能更好地突出新信息，不仅使得编码和解码的过程省时省力，而且更有助于突出焦点信息，达到最佳交际效果。如下面鲁迅的《祝福》中的一段话，多处省略，但在交际人共享语境的情况下，丝毫没有影响到信息的传达，反而用简短的话语加快了对话的节奏，表达出"我"的紧张的心情和慌乱的神态：

"刚才，四老爷和谁生气呢？"我问。

"［Ø四老爷］还不是和祥林嫂［Ø生气呢］。"那短工简捷的说。

"［Ø四老爷和］祥林嫂［Ø生气］？［Ø祥林嫂］怎么了？"我又赶紧的问。

"［Ø祥林嫂］老了。"

"［Ø祥林嫂］死了？"我的心突然紧缩，［Ø我］几乎跳起来，［Ø我的］脸上大约也变了色，但他始终没有抬头［Ø看我］，所以［Ø他］全不觉。

经济原则不仅在现代汉语使用中的共时表现非常抢眼，而且在汉语的历时发展中对汉语语法形式和语法系统的简化起了很大的塑造作用。经济原则对汉语语法历时发展的塑造作用主要表现在两方面：一是某一语法形式本身具有经济简洁的特点，这一特点是其得以存在的理由；二是某一语法功能原来由很多语法形式表达，但这些语法形式经历了自然选择，优胜劣汰，导致该系统大大简化。两方面往往相辅相成，共同支配着汉语语法系统朝着经济简洁的方向发展。汉语发展史上代词系统的简化、多音节同义并列结构的消亡、完成动词的归并、偏正式"名动"复合词的构词特点，等等，都是经济原则在汉语历时发展中的塑造汉语语法的表现。详见徐正考、史维国（2008）的描述。

现代汉语的代词系统相对于古代汉语已经大大简化。古代汉语中的第一人称代词有"吾、我、卬、余、予、台、朕"等，第二人称代词有"汝、尔、若、乃、而、戎"等，第三人称代词有"其、之、厥、伊、渠、他"等，同一人称中的不同代词在语法功能上还有细微的差别。古代汉语中的指示代词有"是、之、斯、此、阿堵、底、个"等，还有大量相当于"这么""那么"的词："能、能许、能尔、能样、能底、能亨、能地、能个、如许、尔许、宁许、宁馨、如馨、尔馨、惹子、偌、若子、只没、与摩、只磨、异没、与麽、熠没、任摩、任地、这般、那般、这等、这们、那们"等。古代汉语中的疑问代词也很复杂，指人的有"谁"和"孰"，指物有"曷、奚、胡、何"等，近代汉语中相当于"什么"的疑问代词更多，包括"是物、是勿、是没、是末、是麽、甚、甚物、甚没、甚谟、甚摩、什没、什麽、甚麽、甚末、什摩、没、阿没、莽、阿莽"等。代词系统过于复杂，不同的语法形式表达同一语法功能造成了词汇的浪费，给语言交际带来了很大不便，语言交际的经济性要求促使代词系统不断简化，最后只有使用频率占优势的词汇存留下来。到了现代汉语时期，第一人称代词只剩下"咱"和"我"两个，第二人称代词只有"你"和"您"两个，第三人称代词只有"他（她、它）"和"其"，指示代词主要是"这"和"那"，疑问代词主要有"谁、何、什么"。

古代汉语中的多音节同义并列结构基本消亡，在现代汉语中已不多见。多音节同义并列结构是指三四个同义字的并列复用，从先秦时期开始就出现了，既有实词，也有虚词，如"览相观于四极兮，周流乎天余乃下"（《楚辞·离骚》）中的"览、相、观"都是"观望"的意思，"若设令惠王之问未知何趣，孟子径答以货财之利"（《论衡·刺孟》）中的"若、设、令"都是"假设"的意思。中古以后，这种结构逐渐在汉语中消失。这种同义并列表达方式不仅没有表义明确和细致的效果，反而造成形式的繁复和分歧，违背了语言的经济原则，给交际和表达带来不便，加之后来出现的双音节同义复词（如"铿锵有力"中的"铿"和"锵"）在加强节奏、增强语气、互相注释等方面丝毫不逊色于多音节同义并列结构，后者自然要被淘汰出局。可见，多音节同义并列结构的消亡与语言的经济原则有直接的联系。

古代汉语中的多个完成动词逐步归并为一个词"了"。"动＋宾＋完成动词"是从南北朝到唐代的古代汉语中常见的一种句式，其中的完成动词常由"了、已、讫、毕、竟"等担任，表达"完毕，终了"的意思。但在唐代，"了"逐渐代替了其他词汇，成为最常用的完成动词。"动＋宾＋完成动词"句式中的完成动词从南北朝开始逐渐虚化，最后变成了一个表示完成意义的虚词，而表达语法功能的虚词一般在语言词汇系统中无需太多。到了现代汉语，"了"成了唯一合格的完成动词。

对表达完成意义的虚词的有限需求与"动＋宾＋完成动词"结构中完成动词的多样存在形成了一对矛盾。语言的经济原则发挥了作用，使得"了"在竞争中逐渐淘汰了"已、讫、毕、竟"，并进一步虚化为表达完成意义的虚词。

偏正式"名＋动"复合词从古至今都大量存在于汉语之中。为什么这种复合词会长盛不衰地存在于汉语之中呢？这与其自身的构词特点有关。偏正式"名＋动"复合词是由"N＋V"构成的双音节复合词，其中 N 对 V 起修饰限定作用，二者构成状中关系，并且 N 可以表示时间、处所、工具、方式等不同语义类别，如"蚕食""牛饮""云集""席卷""瓦解""瓜分"等。其中的 N 承载着形象生动的信息，它虽然是一个单音节的语言符号，但却传达出复杂的语义。就交际效率而言，显然单用一个 N 更加简洁经济，只用一个单音名词作状语就生动形象地比喻了动作、行为或事件的状态，这种简明紧缩的结构具有不可替代的表达效果，具有经久不衰的生命力，其生命力源于其遵守了语言的经济原则。

四　语言系统的经济性

汉语的语音、形态和语法系统非常简约。语音是语言的物质外壳，语音系统的简约是形态系统和语法系统简约的基础。在古代汉语中一个音节就是一个字，音节是汉语语音的基本感知单位，是"声、韵、调"三大要素构成的复合体，这三大要素结合紧密，很难分离。现代汉语只有 400 多个音节。如果以声调来区别意义，总共只有 1300 个左右的音节，每个音节都表达一定的意义。用声调区别意义，或曰四声别义，是利用声带细微的松紧变化来制造音高变化（发音的口型、舌位、部位等都无须变动），从而产生不同的音节来表达不同的意义。汉语语音系统没有另辟蹊径增加音节，只在这 400 多个基本音节的基础上通过声调变化增加音节，比如：ma（吗）、ma（妈）、ma（麻）、ma（马）、ma（骂），声调不同，音节不同，意义也就不同，原本一个音节变成了五个不同的音节。许多外国留学生来中国学习汉语，首先碰到的困难常常不是语法结构异于其母语，不是有多少新词需要记忆，而是汉语声调的变化问题。400 来个基本音节靠音调变化就形成了 1300 个左右的音节，可见，汉语语音系统是极其简约的。

　　汉语语音系统的简约直接导致了汉语形态系统的简约和汉语词库的贫乏。一般而言，汉语一个音节相当于一个形素（morpheme），数量有限的音节或形素首先要满足实义表达的需要，无法满足语法表达的需要，导致汉语形态系统中缺乏屈折词尾和功能词汇，现代汉语中的语法词汇也基本都是实词虚化的结果，汉语因此被公认为缺乏完整形态系统的语言之一。汉语语音系统的简约特点也导致了汉语词库的贫乏，因汉语语音系统中音节数量有限，且一个音节构成一个形素，导致汉语的构词能力受到很大限制。汉语构词能力的有限性直接导致了汉语词汇一音多义现象或同音异义词的大量存在，汉语解决这一问题的策略是用不同的书面符号来表示同音异义词，这就决定了汉字的表意属性和汉字在整个汉语系统中的重要地位（与文字表音的语言相比）。古今传说的一个应征下联的对子"近世进士尽是近视"，说出来可能要解释良久才能让人明白意思，但如果写出来我们马上就明白其意思。因此，汉字表意是为了弥补汉语形态系统的不足，更进一步讲，是为了弥补汉语语音系统的缺陷。但是，换个角度讲，大千世界无所不有，各种关系错综复杂，无数的概念，无数的思想，仅仅用1300来个音节或形素来表达，这充分说明了汉语语音系统和形态系统的经济性。

　　同西方语言相比，汉语的语法也是非常简洁的。汉语缺乏形态，其语法以词序和虚词为主要的表达手段，这就决定了汉语句子往往干净利落、简洁灵活、不拖泥带水。加之汉字的表意性，汉语语法富于弹性，造句时只要能明确表意，就可尽量简化结构，比如"你来的时候"可以说成"你来时"，"我们的学校"可以说成"我校"，"鱼被放到冰箱里了"中"被"可以省去不用。有些句子不用主语也同样成立，如"下雨了"和"出太阳了"省略了"天"或者"天上"，毫不影响句子语法的正确性。复句中关联词常常可以省去不用，如"他因为病了，所以没来上课"可以说成"他病了，没来上课"。语言学界常用"N 是 N"句式来说明汉语句子的经济性（邓思颖 2002），比如有人问"你们学的是什么专业?"你可以回答说，"王平是历史，我音乐，他国际贸易"。外在表现形式的尽量简单，内在含义足够丰实，这是汉语语法追求的上乘。黎锦熙先生曾说过，汉语是"偏重心理，略于形式"。汉语的意合特征如此明显，以至于人们认为，现代汉语语义结构大于句法结构（详见杨小翠 1997）。

第三节　零形式与汉语意合特征

从以上分析可以看出，汉语意合特征的真实动因是语言的经济原则，但经济原则应该对所有人类语言都有效，为什么它特别"照顾"汉语，使汉语具有突出的意合特征，为什么它比较"疏远"英语，使英语具有比较明显的形合特征呢？按照普遍语法的思想，人类语言共享一套受经济原则支配的演算系统，所以不管是汉语还是英语，其句法演算均要追求高效快捷。因此，汉英语言在句法演算的经济性方面是不存在差异的，汉英语言之间的"意合—形合"差异的根源也就不可能在句法方面。语言使用遵循经济原则，这是人类的普遍行为特征，不管你是中国人讲汉语还是英国人讲英语都会追求省力（least effort），都倾向于长话短说，都会频繁使用省略。尽管在追求语用经济性方面，汉语和英语之间会存在一些差异，但这些差异的程度不足以造就汉语突出的意合特征和英语鲜明的形合特征。因此，汉英语言之间的"意合—形合"差异的根源也不可能在语用方面。

汉英"意合—形合"差异的根源既然不在语言使用方面，就只能在语言系统本身；既然不在语法系统（语言演算系统），就只能在词汇系统和/或语音系统。事实上，上述差异的根源就在于汉语语音系统和词汇系统的接口。语音是语言的物质形式，语音系统要用其语音符号组建能够表达意义的语言单位（形素、词、短语等），什么样的语音符号或语音符号组合才能成为最小的表义单位（即形素）正是语音系统和词汇系统的接口问题，而语音—词汇的接口往往因语言而异。在第二章第五节我们谈到，汉语形素一般由一个单音节构成，而且这个单音节是开音节；相比之下，英语形素可以由单个辅音或辅音连缀、单个元音、一个音节、两个音节、三个音节等构成，并且音节不限于开音节。汉语词可以由一个形素构成，也可以两个或三个或四个形素构成一个词，四个以上形素构成词的情况比较少见；英语形素可以单独成词，也可以两个或多形素构成一个词，四个以上形素构成词在英语中大量存在。因此,汉语音节构成形素和形素构成词的手段是极其有限的,过程是极其机械的;而英语音或音节构成形素和形素构成词的手段是非常多样的,过程是极其灵活的。相应地,汉语构成形素的成分、形素以及词与英语的形素成分、形素以及词之间存在悬殊的数量差异。汉语音系中的辅音和元音一共可以组合构成 420 个左右的单开音节,再用四声区别,可以增加到 1300 个左右,这就是汉语所有的形素成分。1300 个音节采用了大约 7000 个汉字,造成大量的同音异义字。根据商务印书馆 2008 年出版的《现代汉语常用词表》(草案),大约 7000 个汉字构成了 56008 个常用词,其中单形素词有 3181 个,双形素词有 40351 个,三形素词有 6459 个,四形素词有 5855 个,五形素和五形素以上词语有 162 个。英语中,形素成分、形素以及词的数量分别远远超过了汉语中的形素成分、形素以及词的数量。1989 年出版的 20 卷套《牛津英语词典》(第二版)收录了 171476 个仍在使用的词和 47156 个不再使用的词,这还不包括 9500 个派生词。

因此,汉语的意合特征,作为一种笼统的语言使用现象,其动因是多方面的,包括语言使用过程中的结构简约和省略,句法演算对经济性的追求,词库资源贫乏和提过的词汇选择有限,缺乏表达语法功能的词汇和形态标记。但从跨语言的角度看,汉语的意合特征的根源主要在于形态标记的缺乏和功能词汇的贫乏。我们可以对汉英功能形素和单形素的功能词汇作一比较,其间差异一目了然:

功能语类		汉语	英语
语法形素	名词复数		-s
	名词所有格		-'s
	动词第三人称现在时单数		-s
	动词不定式		to
	动词过去式		-ed
	动词现在分词		-ing
	动词过去分词		-ed
	形容词、副词比较级		-er
	形容词、副词最高级		-est

续表

功能语类		汉语	英语
语法词汇	冠词		a/an, the
	人称代词	我、你、他（她、它）	I, you, he, she, it, me, him, her, we, they, us, them, our, ours, their, theirs
	物主代词		my, mine, your, yours, his, her, hers, its, our, ours, their, theirs
	反身代词	自己	myself, yourself, himself, herself, itself, ourselves, themselves
	相互代词	相互	each other, one another
	指示代词	这、那	this, that, these, those
	不定代词	一些、任何、每、所有	some, any, every, all, both, one, other, no, each, none, another, few, little, a few, a little, own, someone, somebody, something, anyone, anybody, anything, everyone, everybody, everything, no one, nobody, nothing, etc.
	介词	从、在、向、往、自、把、被、对、跟、按、凭、为、由于、关于、就	about, across, against, along, around, at, behind, beside, besides, by, despite, down, during, for, from, in, inside, into, near, of, off, on, onto, over, through, to, toward, with, within, without, etc.
	连词	和、同、并、且、可、但、虽、如、因	and, but, for, before, after, when, as, because, since, if, that, who, whose, what, where, which, why, how, than, or, so, while, although, though, etc.
	助词	的、地、得、着、了、过、呢、吗、吧、啦	be, do, have, will, shall

第四节　小结

整体来看，汉语意合特征的动因是汉语遵循经济原则的结构，但是在语言经济原则发挥作用的诸方面中，语言使用中的经济性追求和语言演算系统的经济性追求应该适用于所有人类语言。换言之，不管是汉语，还是英语，其使用都会追求经济性，其演算系统都会遵守经济原则。因此，造成汉英"意合—形合"差异的因素只有可能是语言系统本身除语法系统（即语言演算系统）以外的其他方面，即语音系统和词汇系统。根据第二章第五节和本章第三节的分析，恰恰是在"语音—词汇"的接口方面汉语和英语之间存在较大差异，导致汉语词汇的相对贫乏，尤其是语法形素的缺失和功能词汇的贫乏，最终导致了汉语的意合特征：在造句时可用的形素和词汇（尤其是功能）数量有限，只能由零形素取而代之了。

刘英凯（1994：61 – 62）曾指出，中国画不重"甚谋甚细、历历俱足"的形似，而强调"取其意气所到"的"以意统形"，这是中国贯穿古今、占有压倒性优势的绘画美学至论。相比之下，西洋画重写实、重形似、重细节的真实。这种观点把中国绘画的写意传统看作画师们的特意追求，但是不能排除一种可能性，即古代的画家手握一支毛笔，蘸着黑墨，他很难画到"甚谋甚细、历历俱足"的程度，也不可能画出蒙娜丽莎的微笑，写意很有可能是一种无奈的选择。巧妇难为无米之炊嘛！汉语意合特征同此道理。

第四章　零形素句法研究

　　零形素句法（*zero-syntax/zero-morpheme syntax*）是指把零形素（即没有语音形式但具有语义内容和句法功能的构句成分）当作正常的构句成分（即和有形构句成分一样对待），并将其用于句法推导的句法分析方法和实践。屈折零形素（*zero inflectional morpheme*）在句法分析中司空见惯，如英语中有些名词的复数形式（*a sheep vs. two sheep* ［Ø复数］）和动词现在时第三人称单数形式（*John likes Mary vs. John and Bill like* ［Ø复数］ *Mary*）一般采用零形素表达。相对而言，派生零形素（*zero derivational morpheme*）在句法分析中的普遍性和认可度远不及屈折零形素，尽管派生零形素也是语言表达中的常见现象，如汉语动词名物化（解放农民→农民的解放 ［Ø名词词缀］ *vs. to liberate peasants → the liberation of peasants*）和形容词动用（天很黑→天黑 ［Ø动词词缀］ 了 *vs. it is dark → it darkened*）时一般采用零形式。近年来，派生零形素在句法分析中的运用不断增多，作为一种句法分析工具的有效性逐渐凸显，但同时也引起了学界对零形素现实性的质疑。本章主要简述零形素概念在语言研究中的历时演变和零形素在形态学、语义学和句法学研究中的运用情况，特别是在汉语句法研究中的运用情况，同时简述零形素句法研究的理论和经验依据。

第一节　零形素概念的起源和嬗变

　　零形素的概念由来已久，最早可追溯到公元前 5 世纪的古印度语法学家 *Pāṇini* 所创立的梵语语法 *Ashtādhyāyī*，他在解释梵语格系统的特性时使用了零形素的概念来表示词语的形态结构，零形素是没有语音实现形式的形素，与显性形素相对立，呈互补分布（*Pāṇini* 1896）。*Gauthiot*（1902）首次将"零形式"概念引入现代语言学，认为在音素层面存在显性形式和"零度"成分（*degree zero*）的交替现象，这种有形和无形的对立具有区别形素的功能。*Saussure*（1983/1916：123 - 124）认为，成分对立是语言的必要属性，有时语言无需形式也能表达意义，"语言只要能够实现'有'与'无'的对立就足够了"。因此，他提出了"符号零"（*sign zero*）的概念，如捷克语中 *žena*（女人）的复数所有格形式 *žen*［Ø］就是采用了"符号零"。*Bally*（1922：3）明确地定义了 *Saussure*（1916）的"符号零"：被赋予特定意义却没有给予语音支持的符号。*Saussure*（1916）和 *Bally*（1922）关于"符号零"的思想局限在语音和形态层面，*Jakobson*（1939：212 - 213）把"符号零"重新定义为"'有'和'无'之间的矛盾性对立"，由此将"符号零"类推和扩展到语音、形态、语法和语义四大语言层面，并分别给予例证描写。*Lévi-Strauss*（1950/1987）吸收了 *Jakobson & Lotz*（1949）关于"零音素"的思想，把"零"作为一条结构原则来解释人类学中"能指"和"所指"之间的差异，由此将"符号零"延伸到人类学。需要指出的是，*Lévi-Strauss* 把"符号零"当作一种"元符号"（*metasymbolic terms*）或"漂浮的能指"（*floating signifiers*），其本身没有意义，既是能指系统内的成员，又可游离在能指系统之外，其功能在于表示一种结构上的空缺而非实质上的空缺（*Ibid.* 55 - 56）。可见，*Lévi-Strauss* 使 *Jakobson* 建立在"符号指称"这一语言本质属性基础之上的"符号零"发生了内涵的异化。*Derrida*（1966：260 - 261）和 *Deleuze*（1967：184）基本沿袭了 *Lévi-Strauss* 关于"漂浮的能指"的思想，将其看作是一个无意义的空位或一个"缺席的中心"（*absent center*），其功能在于补充能指系统的不足，帮助建立结构中的次序和方向，使符号系统的功能得以正常发挥，但它本身是一个完全自相矛盾的存在。

总之，在现代语言学领域，*Gauthiot*（1902）、*Saussure*（1916）、*Jakobson*（1939）等人都把零形式、零形素或"符号零"当作一个正常有效的能指，其功能在于与其他能指建立语言各层面的对立关系，因此它有意义或能够区别意义；但在人类学和哲学领域，*Lévi-Strauss*（1950）、*Derrida*

（19661）、*Deleuze*（1967）等人把零形式、零形素或"符号零"看作一个"空降"的用来补充能指系统不足的空位，其功能是保证语言结构完整有序，它本身无意义［参见（*Diehl* 2008）］。这一差异似乎预示了后来学界在零形素句法研究方面的分歧：零形素是否具有理论有效性和客观实在性。

第二节　形态研究中的零形素

形态学研究中的零形素包括屈折零形素和派生零形素，屈折零形素与有形屈折形素的对立现象非常普遍，学界对屈折零形素表达语法范畴这一点具有共识，所以对零形素的形态学研究主要集中在派生零形素方面。派生零形素在形态学中被作为一种构词成分，相关的构词方法或过程被称作词类转换（*conversion*）或零形派生（*zero-derivation*），相关研究的焦点主要包括以下几个方面（参见 *Bauer & Valera* 2005）：

（1）零形派生的定义

零形派生是一个词项形成的过程还是一种词项之间的关系，是一个尚存争议的问题。传统上，零形派生被认为是一种联系属于不同词类但形式同一的两个词项的词汇派生过程，但是根据 *Chomsky*（1970）关于"中性词项"的思想，零形派生实质上是同一个中性词根（如√*BRIDGE*）生成属于不同词类的两个词项（如［$_N$*bridge*］和［$_V$*bridge*］）的现象以及这两个词项之间的关系。

（2）词类的界定

一方面，在同一词类的次类之间也存在基于零形素的派生现象，如从一个抽象名词（*beauty*）派生出一个个体名词（*a beauty*）；另一方面，兼类词（如 *Russian* 既可作名词也可作形容词）也具备零形派生的要素。这两种情况是否也属于零形派生呢？这就涉及如何细化词类界定的问题。

（3）派生的方向

如何确定零形派生的方向也是形态学研究中的一个焦点问题，如 *fast* 究竟是从副词派生出形容词还是相反。派生方向的确定可以依据词源信息，也可以依靠语义分析（*Marchand* 1963）。而且不同方向的派生概率和频度可能有所差异（*Kiparsky* 1982）。

（4）形式和意义

意义是确定零形派生词身份的重要依据，派生词与源词之间必须要有充分接近的语义联系，如 *bridge*（*v*）（架桥连接、跨越）可以认定是从 *bridge*（*n*）（桥梁）派生而来，可是 *bank*（*v*）（使飞机倾斜）算不算源自 *bank*（*n*）（斜坡）的派生词呢？此外，如何确定零形素的意义也是一个值得探究的问题。

（5）源词的范围

每一种零形派生只适用于某词类中的一部分词汇，那么零形派生对源词（*base*）有没有或有什么样的选择条件呢？相关的形态或语义限制能否形式化呢？

（6）派生的语言类型

零形派生可以基于词（*word-based*）或词干（*stem-based*），因语言而异。*Kastovsky*（1994）认为，英语中的零形派生经历了从古英语的基于词干到现代英语的基于词的历时转变。基于词的派生词是独立的；基于词干的派生词不独立，借助屈折形式才能使用。也可以说，词干只能派生词干；或者说，词干是中性的，这正是 *Chomsky*（1970）的观点。因此，出现了相关的问题：1）零形派生是否存在于所有语言？2）在所有形态类型的语言中，零形派生的功能是否相同？3）零形派生的演化方向在所有语言中是否都是从基于词干到基于词？

第三节　语义研究中的零形素

零形素在词汇语义学研究中得到了广泛的采用。词汇语义学的一个重要传统是词汇分解（*lexical decomposition*），即认为形式简单的词项（如 *man* 和 *kill*）具有不简单的意义，意义原子（*atoms of meaning*）按照一定的规则合成其语义结构。这些无形的、抽象的意义原子便由零形素来表达。词汇分解作为一种笼统的词汇语义分析方法得到了不同词汇语义理论的采用，这些理论包括成分分析理论（*Componential Analysis*）、生成语义学（*Generative Semantics*）、逻辑语义学（*Logical Semantics*）、概念语义学（*Con-*

ceptual Semantics）、生成词库理论（*Generative Lexicon*）、词汇分解语法（*Lexical Decomposition Grammar*）、词汇概念结构理论（*Lexical Conceptual Structure*）、自然语义元语言理论（*Natural Semantic Metalanguage*）等。

成分分析理论（*Nida* 1951）运用语义特征来对语义相关词汇进行区别性描写，如 *man* 和 *bachelor* 两个英语词的语义结构分别表达为［*man*：*ADULT, HUMAN, MALE*］和［*bachelor*：*ADULT, HUMAN, MALE, UNMARRIED*］，其中的语义特征是抽象的语义单位，没有语音形式支撑，也就是零形素。

生成语义学（*Ross* 1965；*Lakoff* 1970，1971，1976；*Postal* 1972；*McCawley* 1976）的基本思想是动词的内在语义结构对应于句子的句法结构，因此需要通过释义来表达动词的语义结构，如下面的 *a* 句中的动词 *persuade* 根据其释义 *b* 分解成由谓词 *DO，CAUSE，BECOME* 和 *INTEND* 构成的语义结构 *c*。*c* 是经过一系列的转化操作所形成的谓词串，在词汇插入（*lexical insertion*）时由词库中对应的单个动词 *persuade* 来表达，*d* 是该动词的语义表征。

a. *Sally persuaded Ted to bomb the Treasury Building.*

b. *What Sally did was cause Ted to get the intention to bomb the Treasury Building.*

c. *V DO V CAUSE V BECOME V INTEND*

d. *persuade*：$\lambda P \lambda y \lambda x \exists \emptyset$［*DO*（*x*，$\emptyset$）& *CAUSE*（$\emptyset$，*BECOME*（*INTEND*（*y*，*P*）））］

逻辑语义学运用意义公设（*meaning postulate*）进行动词语义分解，如 *Montague*（1974：167）将动词 *seek* 用语义公设的形式分解成 *TRY* 和 *FIND*：

NEC $\forall x \forall y$［*SEEK*（*x*，*y*）$\Leftrightarrow$ *TRY*（*x*，λu *FIND*（*u*，*y*））］

Dowty（1979：124）在蒙太古语法（*Montague Grammar*）的框架内对 *Vendler*（1967）划分的动词类型进行了类似的描写，如用 *DO* 表示活动类动词，用 *BECOME* 表示成就类动词，用 *CAUSE* 和 *BECOME* 表示完成类动词。

概念语义学（*Jackendoff* 1990）运用基本概念范畴（如 *EVENT，STATE*，

ACTION，*PLACE*，*PATH*，*PROPERTY* 和 *AMOUNT*） 和相关组合规则分析词项的概念结构，如把动词 *drink* 的概念结构刻画成 *drink*：$[_{event}$ *CAUSE* $(_{thingi}$, $[_{event}$ *GO* $([_{thingj}$ *LIQUID*$]$ $[_{path}$ *TO* $([_{place}$ *IN* $([_{thingk}$ *MOUTH OF* $(_{thingi})])])])])]$ （*Ibid.* 53）。

生成词库理论 （*Pustejovsky* 1995，1998） 旨在分析词项多义现象，"生成词库" 是一个演算系统，它纳入两个词项，然后演算它们在搭配时可能出现的创造义或引申义。"生成词库" 的演算涉及词项的四个表征层：论元结构、事态结构、属性 （*qualia*） 结构和词汇继承结构。四个表征层依靠一套生成手段来联结，这些生成手段对搭配中的词项进行语义转换和合成。"生成词库" 演算的对象既包括显性词项也包括零形素，是对词项语义的多层面分解。

词汇分解语法 （*Kaufmann* 1995；1997*a*，*b*） 也对词项语义进行多层面分解，区分了动词的概念结构 （*CS*）、语义形式 （*SF*）、论元结构 （*AS*） 和形态/句法 （*MS*）。其中，*SF* 仅包含与句法相关的语义要素，这些语义也就构成了动词的论元结构，论元结构向句法层面投射。

词汇概念结构 （*Guerssel et al.* 1985；*Levin & Rappaport Hovav* 1991，1995） 旨在刻画动词语义中与其句法行为相关的方面 （相当于词汇分解语法中的 *SF*），用数量不多的原始谓词来表达动词的概念结构，如下面的 *a* 表示所有完成类动词的统一概念结构，*b* 表示完成类动词 *break* 的具体概念结构。

a. Causative verb：$[[x \ DO\text{-}SOMETHING] \ CAUSE \ [y \ BECOME \ STATE]]$

b. break：$[\ [x \ DO\text{-}SOMETHING] \ CAUSE \ [y \ BECOME \ BROKEN]]$

自然语义元语言理论 （*Wierzbicka* 1972，1996） 旨在用简约的释义来刻画概念或词项，使用一套数量有限且人类语言共有的语义元 （*semantic primes*），如心理谓词 *THINK*，*KNOW*，*WANT*，*FEEL*，*SEE*，*HEAR* 等，事件谓词 *DO*，*HAPPEN*，*MOVE*，*PUT*，*GO*，*LIVE*，*DIE* 等，存在谓词 *THERE-IS*，领有谓词 *HAVE*，时间关系语义元 *NOW*，*AFTER*，*BEFORE* 等，空间关系语义元 *ABOVE*，*BELOW*，*FAR*，*NEAR*，*INSIDE* 等，逻辑概念语义元 *BECAUSE* 等。

总之，基于词汇分解的词汇语义学研究都要运用抽象的无形的语义单位，这些语义单位不仅在对词项语义结构的刻画中起着重要作用，而且在词汇结构向句法结构投射时会成为有效的句法成分。

第四节　句法研究中的零形素

零形素在句法理论发展和句法研究中扮演着重要角色。根据普遍语法理论，自然语言之间的差异要归结到词库中词项的形态差异，而形态的跨语言差异是普遍的、复杂的和不规则的。但语言研究要遵守"同一性原则"（*Chomsky* 2001：2），即在缺乏指向相反结论的有力证据的情况下，要认为语言是统一的，语际差异仅限于显而易见的话语特征。这为零形素在句法分析中的运用提供了理论依据，尤其在分析形态残缺、贫乏或完全缺失的语言的句法结构时零形素具有重要的理论价值。句法研究中的零形素既有功能性的，也有词汇性的。句法体系中的功能语类，如 *Classifer*，*Number*，*Determiner*，*v*，Aspect，Agreement，Tense，Complementizer 等，并非在所有人类语言中都有形态支撑。在缺乏显性形态的情况下，为了遵守"同一性原则"，我们只有用零形素来表示。在句法最简方案中设置功能语类 *v* 就是一个经典的例子，它为句法理论的发展起到重要作用。不同语言的词汇系统也是千差万别，不同语言词汇系统中的词项之间不可能存在一一对应关系，在句法分析中设置词汇性零形素也是必要的，Pesetsky（1995）的零形素句法研究堪称这一方面的经典。

一　功能性零形素：轻动词

Chomsky（1995）在最简方案下的句法结构中设置了轻动词（light verb）作为一个功能语类，之后又将其理论地位提升至"核心功能语类"（CFC）（Chomsky 2000b，2001，2004，2008）。与词汇语类不同，*v* 只包含在接口不可解读的形式特征，是一个纯句法的构件，不表达词汇语义内容。它必须选择一个 VP 作补语。*v* 作为一个纯句法功能的、在任何类型的动词投射中都必不可少的成分，应该属于普遍语法，它为探索述谓结构内的成分移位以及由此生成的自然语言词序提供了新的句法分析手段。轻动词理论的形成与发展正是基于零形素的概念。

Larson（1988）在研究双宾结构时，提出了"VP 嵌套假设"：一个谓语动词可投射两个 VP，构成的嵌套结构提供三个论元位置；双宾结构及类似结构中的三个论元，按照普遍的论旨等级关系（thematic hierarchy）A-GENT > THEME > GOAL > OBLIQUES，依次分布在这三个位置上。以 put 为例。如下图所示，put 的各论旨角色之间的等级关系［AGENT（THEME LOCATION）］在 VP 嵌套结构中得到很好的体现；put 上移并入上层 V，即可构成句子的表层线性关系（AGENT put THEME LOCATION）。

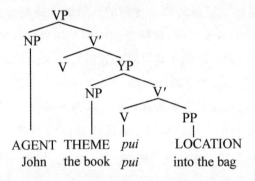

Hale & Keyser（1993，1997，1999）吸收 Larson（1988）的 VP 嵌套结构和 Baker（1988）的"融合"（incorporation）理论的思想，揭示了一些派生动词的构词机制，为这类动词的论元结构及句法属性提供了纯句法的解释。他们主要讨论了如下图所示的由形容词和名词派生而来的动词。三类派生动词句法行为上的差异可以通过其派生过程的句法推导加以解释，推导须在 VP 嵌套结构中进行，而 VP 嵌套结构中的上层 V 是一个没有语音形式的成分，即轻动词。

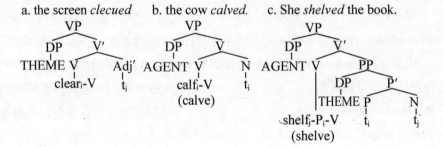

Chomsky（1995）把 Larson（1988）首先提出并经 Hale & Keyser（1993）

阐发的 VP 嵌套结构中的上层 V 定义为轻动词 v。如下图所示，v 选择 VP 作补语，投射 vP；下层 V 上移并嫁接到 v，形成 V-v；Spec-vP 提供一个论元位置，用于合并外论元或填充词，或接纳自下移入的内论元。轻动词 v 没有语音形式，也不表达语义内容，由在接口不可解读的形式特征组成；而其他功能语类，如 D、T、C 等，则包含在接口可解读的特征。

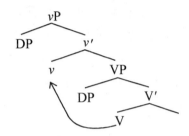

在轻动词理论形成之初，轻动词 v 一般只出现在由及物动词投射的结构中，即只选择及物性 VP 作补语（Chomsky 1995）。Radford（1997）则将其推而广之，应用于各类谓语结构中：作格动词（如 roll）、双及物动词（如 get）、表结果动词（如 turn）、宾语控制动词（如 decide）、带补语从句的三元动词（如 tell）、单及物动词（如 read）、非作格动词（如 lunch）、非宾格动词（如 come）等。

在 Chomsky（2000）的理论框架中，轻动词 v 和 T、C 一样，成为"核心功能语类"，出现在各类动词投射的结构中；它含有 Ø – 特征，选择 VP 作补语，选择 DP 作外论元，构成一个语段（phase）vP，vP 又被别的功能语类所选择。

二　词汇性零形素：CAUSE 和 G

Pesetsky（1995）是将零形素运用到句法研究的经典。Pesetsky 认为，动词论元的存在及其句法位置不是随意的，而是决定于动词语义结构的规律和句法结构的规律；零形素是句法结构中的有效成分，可以通过其形态和句法表现出来。Pesetsky（1995：18）的研究开始于心理动词论元的投射问题，如下面两个句子所示：

a. We puzzled over Sue's remarks. （EXPERIENCER$_{SUB}$）

b. Sue's remarks puzzled us. （EXPERIENCER$_{OBJ}$）

心理动词表现出两种不对称的句法行为（Belletti & Rizzi 1988）。一是 THEME 论元句法位置的不对称：动词 puzzle 在 a 句为主语心理动词，EXPERIENCER 论元投射为句子主语，THEME 论元投射为句子宾语；在 b 句中为宾语心理动词，EXPERIENCER 论元投射为句子宾语，THEME 论元投射为句子主语。这明显违反了"论旨角色指派统一性假设"（UTAH）（Baker 1988：46），即句法成分之间，相同的论旨关系在 D – 结构表达为相同的结构关系；二是约束关系的不对称：在宾语心理动词句中存在反向约束现象，如：

a. We$_i$ puzzled over Sue's remarks about ourselves$_i$.（EXPERIENCER$_{SUB}$）

b. Sue's remarks about ourselves$_i$ puzzled us$_i$.（EXPERIENCER$_{OBJ}$）

首先，Pesetsky 指出，心理动词的所谓 THEME 论元其实是不同质的：在主语心理动词中它的语义角色为 TARGET 或 SUBJECT MATTER，而在宾语心理动词中它的语义角色为 CAUSER，它们和 EXPERIENCER 论元构成论旨结构等级［CAUSER > EXPERIENCER > TARGET/SUBJECT MATTER］。这样一来，两种心理动词结构就不存在违反 UTAH 的问题了，但却引起了另一个问题：既然 CAUSER 和 TARGET/SUBJECT MATTER 分属不同的论旨角色，他们为什么不能在同一心理动词句中共现呢？如下例所示：

a. Bill calmed about the accident.

b. The check calmed Bill.

c. * The check calmed Bill about the accident.

d. The check calmed Bill down about the accident.

e. The check made Bill calm about the accident.

Pesetsky 认为，宾语心理动词是由双语素构成的，包括表达原因意义的零形素 CAUSE 和词根，如上列 d 句中的 calm 的语义结构为［CAUSE + √ CALM］。这样分析的理由有二：一是心理动词名词化时，往往表达被动或非宾格动词的意义，而不能表达主动意义，如：

a. Our puzzle over Sue's remarks was great.

a'. * Sue's remarks' puzzle of us was great.

b. Bill's calming about the accident was immediate.

b'. * The check's calming of Bill was immediate.

c. John's embarrassment about the mistake was unnecessary.

c′. * The mistake's embarrassment of John was unnecessary.

二是包含零形素的词不能进一步派生，否则违反 Myers（1984）准则，即通过零形素派生而来的词不能再通过加缀进一步派生。CAUSE 是个词缀性介词，引入一个 CAUSER 论元。借助零形素 CAUSER，Pesetsky 首先解释了 CAUSER 和 TARGET/SUBJECT MATTER 论元为什么不能在同一心理动词句中共现。如下图所示，如果 CAUSER 和 TARGET/SUBJECT MATTER 论元出现在同一句子中，CAUSE 在上移附加于动词词根的过程中需跨越非词缀性的介词，违反"中心语移位限制"（HMC）[Travis（1984：131）]；如果不存在 TARGET/SUBJECT MATTER 论元，CAUSE 可直接上移附加于动词词根，构成宾语心理动词句。

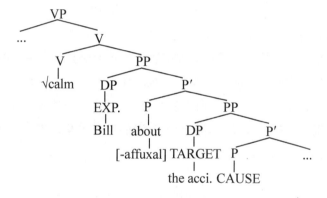

宾语心理动词句中存在反向约束现象也可以由此得以解释：主语 CAUSER 的基础生成位置低于宾语 EXPERIENCER 论元，在深层结构 EXPERIENCER 成分统制 CAUSER 中的反身代词，在 LF 中深层结构的约束关系继续有效。

Pesetsky 借助零形素同样分析了英语中的双宾结构。他认为，双宾句和与格句具有同一的句法结构，在双宾句中对应于与格句中介词的位置存在一个零形素介词 G，如下列句子所示：

a. Sue gave Bill [G] a book.

b. Sue gave a book to Bill.

如下图所示，双宾结构的零形素介词 G 和 CAUSE 一样，具有词缀性 [+affixal]，需通过中心语移位附加于动词，由此生成双宾句的表层结构。

这一分析可以解释 Barss & Lasnik（1986）发现的双宾句和与格句中约束关系的不对称现象，也可以支持 Baker（1988）提出的"并入"理论（Incorporation）和 Myers（1984）准则。

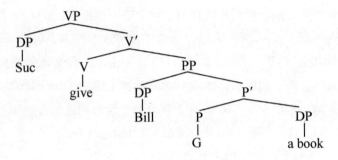

运用零形素进行的句法结构分析和形态句法（morphosyntatic）结构分析，不局限于上述功能语类 *v*、词汇语类 CAUSE 和 G。零形素在当代句法学研究中的运用已相当普遍。零形素和显性形素的区别之一在于显性形素要得到形态语音特征或句法特征的允准，而零形素一定要得到句法特征的允准。零形屈折变化（zero-inflection）的运用基于句法要求和句法特征的允准，如人称、数、性等 Ø 特征的确定，时态、语气、体貌等功能语类实现的普遍性要求等等。同样，词汇性零形素的运用也是基于词汇的句法特征，如词项的语类和/或次语类特征。

第五节　汉语句法研究中的零形素

汉语作为一种形态贫乏的语言，如果要遵循普遍语法理论关于人类语言同一性的思想，在句法分析中必然要运用零形素，这既包括功能语类零形素，也包括词汇语类零形素。近年来，汉语句法研究中零形素的运用越来越普遍，从汉语轻动词理论的提出到将轻动词和其他语类零形素运用于具体句法结构分析，零形素对汉语句法研究起了很大的推动作用。

一　汉语轻动词理论

Huang（1997）和 Lin（2001）从生成语义学的观点出发，认为句子表达事态（eventuality），事态结构决定句子结构，事态结构的复杂性决定句子结构的复杂性。每个动词对应一个或简单或复杂的事态,形式上简单的动词并不意味着它只表达简单的事态。复杂事态的蕴含关系要靠事态谓词(eventuality predicate)HOLD,DO,BECOME,CAUSE 等来表达。如下图所示,a 中的句法结构表达简单的状态、活动或结果,而 b 则表达复杂的事态:

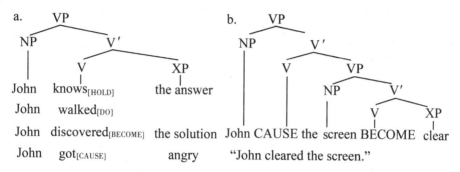

Huang(1997)和 Lin(2001)把这些事态谓词定义为轻动词。他们认为,轻动词的实现方式因语言而异,汉语中轻动词在句法层实现(即轻动词不包含在动词的语义结构内),而英语中轻动词在词汇层实现(即动词的语义结构中已包含轻动词)。如下列句子所示(Lin 2001:33),汉语的"破"和英语的 break 都可当非宾格动词使用,但 break 也可当施事动词使用,"破"却不能直接当施事动词使用。要表达施事类或致使类事态时,"破"需借助一个显性的轻动词来实现。因此,轻动词在汉语中体现在句法上,在英语中则包含在词项中。

    a. 窗子破了。(unaccusative)

      *张三破了窗子。(agentive)

      张三打破了窗子。(agentive)

    b. The window broke. (unaccusative)

      John broke the window. (agentive)

Huang(1997)认为,下列汉语句子的句法结构中都有轻动词在起作用:

a. 他看了三天的书。→ [IP他 [I'了 [VPDO [IP三天的 [VP看书]]]]]

b. 这里丢了三次书。→ [IP这里 [I'了 [VPBECOME [VP三次 [VP丢书]]]]]

c. 那件事激动得张三流出了眼泪。→［IP那件事［VPCAUSE 张三［VP激动得流出了眼泪]]]

Lin（2001）认为，汉语的动词与宾语之间以及主语与动词之间都缺乏严格的选择关系，动词与宾语之间以及主语与动词之间需要轻动词作为联系的桥梁，如下列例句所示：

a. 切这把刀。→［VPDO［VPUSE 这把刀［VP切]]]

b. 这辆车修得大家满身油污。→［IP这辆车［VPCAUSE 大家［VP修得满身油污]]]

c. 锅里炖了一斤牛肉。→［IP锅里［I'了［VPEXIST［VP炖一斤牛肉]]]]

d. 老王放了三本书在桌上。→［IP老王［I'了［VPCAUSE 三本书［VPBECOME［VP放［PP在桌上]]]]]]

Shen（2004：153 - 154）发现，汉语句子末尾助词"了"（文献常称之为 Le2）出现与否与谓语动词的动态性或静态性释义之间具有对应关系。如下面两个句子中，句末助词与动词的动态性相呼应：

a. 张三很高兴［-D］∅。

b. 张三睡［+D］了。

但是，有时会有句末助词与动词的动态性不相呼应的情况，如下列4个句子都符合语法，但 a 句和 b 句中呼应关系错配，c 句和 d 句中表面上呼应关系没有错配，但经仔细分析发现实际上存在双重错配。

a. 我喝［+D］红酒∅。

b. 小红喜欢［-D］张三了。

c.（只要张三有钱），小红就喜欢［-D］他∅。

d.（你走吧），我睡［+D］了。

Shen（2004）认为，呼应关系错配的句子之所以能被接受，是因为在句末助词和谓语动词之间的结构节点上存在若干轻动词，它们起到"矫正"呼应关系的作用。上列6个句子分别代表了汉语中动词的动态性与句尾助词"了"的6种可能搭配，其事态结构图解如下：

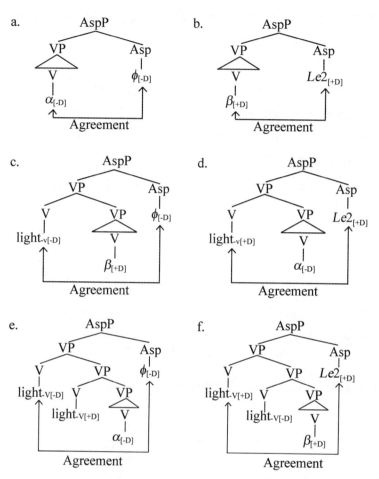

温宾利、程杰（2007）分析了自 Larson（1988）以来一些主要学者关于轻动词的思想，指出句法理论中的"轻动词"被赋予了两种截然不同的内涵，一种是以 Chomsky（1995，2000）为代表的句法内涵，一种是以 Huang（1997）和 Lin（2001）为代表的语义内涵。Radford（1997）虽然指出了轻动词的类型差异以及轻动词与 VP 中心语之间的选择关系，但他对轻动词 v 的定性在句法和语义之间摇摆。Larson（1988）和 Hale & Keyser（1993，1997，1999）没有正式使用"轻动词"一词，但 Larson 的 VP 嵌套结构中的上层 VP 中心语 V 与 Chomsky 的轻动词 v 是一致的，而 Hale & Keyser 的 L – 句法中的成分［DO］、［CAUSE］和［BECOME］等与 Huang（1997）、Lin（2001）的轻动词是很接近的。温宾利、程杰（2007）

认为，应该将 Chomsky（1995，2000）的轻动词 v（或曰句法轻动词）和 Huang（1997）和 Lin（2001）的事态谓词（或曰语义轻动词）区分开来。句法轻动词 v 作为"核心功能语类"，只包含在接口不可解读的形式特征，是一个纯句法的构件，不表达任何语义内容，必须选择 VP 作补语。相比之下，语义轻动词包含语义内容，起着塑造或改变事态结构的作用，与补语之间的选择关系呈多样性，在实现方式上存在跨语言差异。换言之，上述句法轻动词是功能性的零形素；语义轻动词是词汇性的零形素，与普通实义动词属于同一语类，都表达语义内容，只不过在语义结构的饱和程度方面有所差别。温宾利、程杰（2007）也指出，Huang（1997）和 Lin（2001）把事态谓词当成句法轻动词的观点在句法推导的经济性、特征核查和动词论元的实现等方面存在一系列不足，与 Chomsky 的主流句法思想之间有冲突。句法轻动词、语义轻动词和普通实义动词之间在语义内容和实现形式方面的差异可用下图表示：

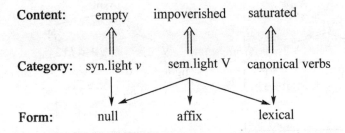

二 汉语句法分析中的零形素

随着轻动词（句法和语义）理论在汉语句法研究中的确立，相关的零形素在汉语具体句法结构分析中得到了广泛的运用，涉及的句法现象和结构也越来越多，下面进行简单阐述。

（一）不及物动词后跟宾语结构

不及物动词后跟一个名词短语是汉语中一种常见的结构，如"睡地板""吃食堂"等，其中的名词短语不属于动词宾语，因其不担任受事论旨角色，属非核心论元。程杰（2009）提出"虚介词假设"，认为这类论元通过一个虚介词 P 与动词建立联系，构成动词短语 $[_{VP}\ [_{V'}\ V\ [_{PP}\ [_{P'}\ P\ DP]]]]$。汉语动词具有内在的论元结构，动词与其宾语之间有着严格的选择关系，而所谓不及物动词带宾语现象所反映的是动词与其补语之间的弱选择关系。汉语不及物动词后跟非核心论元的结构可分析成 Pylkkänen（2002）提出的高位增元结构，这种分析统一了"虚介词假设"与语言使用者对该结构的语感。不及物动词后 PP 中介词虚化的理据是汉语音韵规则，而该结构的最终形成还受语义的制约。英语缺少形成所必需的音韵、句法条件，故没有此类结构。

（二）"作格化"结构

邓思颖（2008）混合吸收了 Chomsky（1995）和 Huang（1997）关于轻动词的思想，认为汉语动词具有"轻动词 + 词根"的复合结构，如下列句子中的动词所示：

a. 张三看这些书。→［DO［ROOT］］

b. 张三的知识丰富了。→［BECOME［ROOT］］

c. 这些书丰富了张三的知识。→［CAUSE［BECOME［ROOT］］］

其中轻动词 DO 和 CAUSE 具有及物性，可以指派宾格，而轻动词 BECOME 不能指派宾格。受事主语句（如"张三的腿打断了"）、被动句［如"张三的腿被（李四）打断了"］和处置句（"李四把张三的腿打断了"）中的动词都不能指派宾格，因其发生了"作格化"（unaccusativization）。"作格化"就是选择了一个不能指派宾格的轻动词 BECOME 取代能指派宾格的轻动词 DO。邓思颖（2008）认为，如果把表示活动的及物动词句归为一类，而把受事主语句、被动句、处置句等归为另外一类，这两大类句子的最大差异就是前者只有轻动词 DO 加动词词根，缺乏轻动词 BECOME，纯粹表示活动，而贯穿后者的特点是 BECOME 的存在。如果说"作格化"作为受事主语句、被动句、处置句等的"核心的推导过程"，那么所谓"作格化"其实就是在词项的选择过程中，没有选择能指派受格的 DO，而把不能指派受格的 BECOME 引入推导过程中，置于动词词根之上。换句话说，组成受事主语句、被动句、处置句的核心部分是一个拥有 BECOME 的起始谓语。

（三）役格句

役格句是指主语为致事（CAUSER）、谓语动词为役格动词的句子，表示致事引发某种结果。何元建、王玲玲（2002）指出，汉语有两种表达

"致事引发某种结果"的句式:一是使动句,这种句式包含两个动词,第一个为使役动词"使""叫""让""令"等,第二个为任何类型的动词,如 a 句所示;一是役格句,这种句式不含使役动词,其谓词一般是有使动用法的作格动词,如 b 句所示。两种句式统称为使役句。

a. 小红使大伙笑了。(第二个动词为通格动词)

这事今天令大家激动。(第二个动词为作格动词)

老王叫保姆洗衣服。(第二个动词为宾格动词)

张三让李四开了窗子。(第二个动词为役格动词)

b. 一只蛐蛐发了两户人家。(《小说家》,1993.4)

罗维民的发现激动了两个人。(《北京晚报》,1999.3.28)

何元建、王玲玲(2002)认为,两类使役句的句法结构是相同的。在役格句中,与使动句中的使役动词相对应的结构位置上是零形式的轻动词。所以 b 中句子的结构应如下所示:

[$_{vP}$一只蛐蛐 [$_{v'}$$v$ [$_{VP}$两户人家发]]]

[$_{vP}$罗维民的发现 [$_{v'}$$v$ [$_{VP}$两个人激动]]]

(四)动结式补语结构

在动结式结构的研究中学者们发现,汉语和英语在补语指向上有着重要区别。英语的动结结构严格遵守所谓的"Simpson 法则",即结果补语总是指向宾语(底层宾语或者表层宾语),而不能指向主语,如 The man wiped the table clean 中的动词补语 clean 指向宾语 the table 而不是主语 the man。但在汉语动结结构中,结果补语不总是指向宾语,如"王五喝醉了酒"中的动词补语"醉"指向主语"王五"而不是宾语"酒"。

杨大然、周长银(2013)根据 Huang et al.(2009)关于汉语与其他语言在动词构造和论元实现上的差异的理论来解释汉语动结结构中的补语指向违反"Simpson 法则"的现象。Huang et al.(2009)以 Hale & Keyser(1993)的词汇结构理论和 Lin(2001)的汉语轻动词句法思想,提出了一套轻动词理论来解释汉语与其他语言在动词构造和论元实现上的差异。该理论的基本思想是,词库内的动词由词根√和少量标明事件类型的轻动词(Lv)组成,词根将一系列事件 e 概念化,包含所有与事件相关的参与者信息,轻动词的功能是筛选出与事件类型直接相关的参与者信息,供句法操作使用。其具体内容包括：

a. $V \in \{(\sqrt{}), [Lv1\sqrt{}], [Lv2\sqrt{}], [Lv2 [Lv1\sqrt{}]]\}$，只有汉语可以选择 $V = \sqrt{}$；

b. Lv1 标明没有外部使因的自发性事件类型，可描述为"进入某种状态或关系"，Lv1 筛选出的事件参与者被解释为客体（Theme），在句法中投射到内论元位置；

c. Lv2 标明有外部使因的事件类型，可描述为"引发某种关系或动态事件"，Lv2 筛选出引发事件的外因，该参与者被解释为施事，在句法中投射到外论元位置；

d. 事件中可选或必选的内在参与者由词根$\sqrt{}$所决定；

e. Lv 的选择不能与已经编码在词根中的事件类型相冲突；

f. 上述参与者信息必须满足题元准则。

根据该理论，只有汉语动词中存在不包含任何轻动词的光杆词根，该词根不指派题元角色，编码在该词根中的参与者信息都暴露给句法，当该词根进入句法运算后，句法系统提供如上的论元允准方式。就动结结构而言，其中的动词既包含 Lv2 标明有外部使因的事件类型，也包含 Lv1 标明状态变化性事件类型。"王五喝醉了酒"是表达非致使性事件的动结式，只携带轻动词 Lv1。"喝醉"的词汇语义构成应为 $[Lv1\sqrt{}he\text{-}\sqrt{}zui]$，其中"王五"是由 Lv1 筛选出的进入"醉"这一状态的事件客体，在句法中投射到内部论元位置，该论元受到"醉"的表述。这样一来，汉语动结结构中的补语也就符合"Simpson 法则"了。

（五）无动词句

汉语中存在三类没有动词的句子：名词谓语句（如"今天星期日"）、空系词分句［如"都大姑娘了，（要注意整洁）"］和空动词句（如"张三三个苹果，李四四个橘子"）。邓思颖（2002）认为，名词谓语句不存在动词，空系词分句和空动词句分别含有零形素系词和零形素动词。屠爱萍（2013）从副词性修饰语和时态助词、名词性成分格特征核查、论旨角色指派等各方面论证了上述三类汉语无动词句都包含一个动词性空语类，即轻动词，如下所示：

a. 今天 $[\varnothing_V]$ 星期日。

b. 都［∅ᵥ］大姑娘了，（要注意整洁）。

c. 张三［∅ᵥ］三个苹果，李四［∅ᵥ］四个橘子。

（六）蒙受句的语义结构

汉语存现句中有一种表示动态事件的句式，这种句式往往表达蒙受义，如"中国出了个毛泽东"和"张三死过一匹马"。沈力（2009）认为，动态存现句的语义结构是一个蒙受事件结构：［x AFFECT［event］］。其中，AFFECT 指派一个蒙受者论元 x，而且带一个下位事件做补语，表示蒙受者受到了下位事件的影响。AFFECT 选择两种下位事件做补语：一个是隐现事件，一个是变化事件。蒙受者论元和不同下位事件论元之间形成不同的语义链隐：隐现蒙受句中的语义链为同指关系，即 x = z；变化蒙受句中的语义链为领属关系，即 y∈x。如下所示：

a. 隐现蒙受句：［x AFFECT［y INCHOATE［y BE AT z］］］"中国出了个毛泽东"

b. 变化蒙受句：［x AFFECT［y BECOME［y BE AT z］］］"张三死过一匹马"

蒙受义存现句的句法推导过程如下图所示：

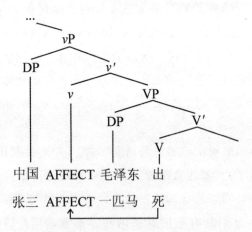

（七）伪定语结构

汉语句法结构常呈现与语义不对称的现象，造成了许多所谓"伪定语"的句式，如"他的老师当得好""他静他的坐，我示我的威""三次北京与两次上海都住得很舒服"等等。黄正德（2008）采用词义分解理论与动词核心移位的假定，说明这些现象都是动名结构下的动词核心移入上面的无声轻动词位置所造成的结果，定语在语义上并不修饰紧跟其后的名词短语所指称的个体，而是修饰跟该个体有关的事件。这类句式的句法推导过程如下：

a. 他 DO 他的老师（得好）。（深层结构）

b. 他当$_i$ 他的 t$_i$ 老师（得好）。（动词核心移位）

c. ［e］当$_i$ 他的 t$_i$ 老师（得好）。（受事主语句步骤一：主语删略）

d. ［他的 t 老师］$_j$ 当 t$_j$（得好）。（受事主语句步骤二：宾语提前）

e. 他的老师当得好。（表层结构）

依此分析，"伪定语"只是一个假象，并没有造成真正的形义对应困难，所谓"伪定语"句式的产生可以视为现代汉语高度解析性的一个副产品。

　　除上述一些汉语句法研究中的焦点问题在零形素（以轻动词为主）理论的框架下得到重新阐释外，还有许多汉语句法现象的研究中都吸收了零形素分析方法，如冯胜利（2005）运用轻动词移位分析了古今汉语的动宾关系，刘伟、李哲（2011）在 VP 壳理论框架下研究了指向宾语的形容词状语，宋作艳（2011）运用轻动词理论分析了汉语中的宾语强迫现象，等等。同时，零形素还被运用到词汇语义结构的分析，如邓思颖（2008）对汉语复合词的论元结构的分析，汪国胜、王俊（2011）对现代汉语离合词的分析，等等。总而言之，零形素分析方法在近年来的汉语句法研究中"遍地开花"，应用得越来越广泛，汉语句法零形素的"库房"也越来越丰富，包括了轻动词、虚介词和其他功能语类。

第六节　零形素句法分析的理论和经验依据

　　零形素在句法研究中的运用，一方面丰富了句法分析的手段，促进了句法理论的发展；另一方面也招致一些学者的质疑。Fodor（1970，1998）和 Fodor & Lepore（1998，1999）一贯反对旨在建立词项语义结构的推演规则的词汇分解理论，尤其对 Pustejovsky（1995）和 Hale & Keyser（1993）的词汇分解范式持严重怀疑的态度。他们认为，词汇意义是原子性的、整体性的，因而是不可分解的，它所确定的是语言外的指称而不是语言内的语义关系。因此，零形素在句法分析中的设立和运用应该建立在充分的理论和经验基础之上。

一 零形素句法分析的理论依据

首先，零形素句法分析不同于词汇分解。词汇分解理论旨在发现和建立词汇语义结构的组织原则和词汇语义的推理规则，零形素在词汇分解分析中作为词项语义结构的一部分，有两项功能：一是单纯地用来描写词汇语义，表征词汇语义结构和语义合成规则；一是作为词汇语义结构向句法结构投射时的句法单位，如在 Hale & Keyser（1993，1997，1999）的分析中有一个专门负责复杂谓词构造的模块"构词句法"（L-Syntax），是词库中按照句法规则运行的一个词汇生成系统，相当于句法演算系统在词库中的一个影子系统。相比之下，句法分析中的零形素就是来自词库的一个词项，和其他词项一样参与句法演算。因此，在句法分析中运用零形素就不存在词汇分解的问题。

根据普遍语法理论，自然语言之间的差异要归结到词库中词项的形态差异，而形态的跨语言差异是普遍的、复杂的和不规则的。语言研究要遵守"同一性原则"（Chomsky 2001：2），即在缺乏指向相反结论的有力证据的情况下，要认为语言是统一的，语际差异仅限于显而易见的话语特征。零形素的设立和运用正是为了遵守"同一性原则"，有助于在句法分析中实现"异中求同"。Liao & Shi（2013）就是遵守语言研究"同一性原则"的一个很好的范例。一般认为，英语的 whole 和汉语的"整"是一对对应的名词修饰语，英语的 same 和汉语的"同"也是一对对应的名词修饰语。但事实表明，英语的 whole 后面只能是单数名词，不能是复数名词，如 the whole car vs. * the whole cars；汉语的"整"后面要有一个量词（Classifier），如"一整台车" vs. "*一台整车"。同时，英语的 same 必须前面有定冠词 the，如 the same person（s）vs. * same person（s）；汉语的"同"则没有此要求，如"同一个（些）人"。据此，Liao & Shi（2013）提出，英语中有对应于汉语量词的零形素，如 a 所示；汉语中有对应英语定冠词的零形素，如 b 所示。这一观点得到一系列语言事实的支持。

a. the whole car ＝ [the [whole CLASSIFER [_NP car]]]

　　一整台车 ＝ [一 整台 [_NP 车]]

b. the same person（s）＝ [_DP the　same　[_NP person（s）]]

　　同一个（些）人 ＝ [_DP DETERMINER 一个（些）[_NP 人]]

最后，在句法分析中设立零形素并不是句法理论家故弄玄虚。零形素虽然在语音方面荡然无存，但在语义和句法方面却起着实实在在的作用，而且零形素的设立和运用也符合普遍语法理论的语言哲学观。首先，零形素具有语义作用。语义学的首要任务是研究词语的所指，零形素也有所指。如下面两个句子中，不定式主语位置的零形素的指称就不一样：

a. John is too stubborn [Ø] to talk to him.

b. John is too stubborn [Ø] to talk to.

零形素也有句法作用。举例说明，英语口语中 want to 常常可以缩合成为 wanna，如 I want to go 可以说成 I wanna go。下面两句话表面上看起来差不多，但 a 句中的 want to 可以缩合成为 wanna，而 b 句中的 want to 不能缩合成为 wanna。究其原因，b 句中的 want 和 to 之间有个零形式（Wh 语迹）。

a. Who do you want to kill? → Who do you wanna kill?

b. Who do you want to die? → ＊Who do you wanna die?

句法中的零形素也符合普遍语法理论的语言哲学观。在乔姆斯基之前的美国语言学界信奉经验主义哲学，把语言看作物理客体，把语言学看作物理科学，认为语言只不过是声音而已，意义不属于语言。有声的词语可能没有意义，那无声的零形素在经验主义语言学家看来，纯属无稽之谈。但乔姆斯基语言学不是物理科学，而是心理科学，是一种特殊的认知心理学。词语和语法不论是否付诸应用，首先必须存在于人们头脑之中，现代认知科学和大脑神经科学已经为此提供了充分的证据。人的语法知识中有一部分是先天的，这部分知识可以归结为一些普遍性的原则，是人类通过千万年生物遗传获得的。人们对于零形素所具有的知识正是属于这类知识。零形素听不见，看不见，不可能是后天学到的，那么儿童怎么会掌握这类知识呢？所以，语言使用者拥有关于零形素的知识是对乔姆斯基语言天赋论很好的支持。（参见徐烈炯 1989）

二　零形素句法分析的经验依据

在句法研究中设置句法范畴、句法结构、句法演算方式等理论构建必须要基于概念必要性或者经验必要性，而不能仅仅基于理论必要性，这是最简方案模式下构建句法理论的基本要求（Chomsky 1995）。所谓理论必要性是指为满足理论内在需要而提出假设，概念必要性是指为符合人的认识而提出假设，经验必要性是指基于客观经验事实而提出假设。管约论框架下的深层结构和表层结构的设立具有理论必要性，但不具备概念必要性或者经验必要性。最简方案框架下的 PF 和 LF 接口的设立不仅具有理论必要性，更有概念必要性，还具备经验必要性。就零形素而言，它在句法分析中具有很强的解释力，因而具有理论必要性；零形素在句法结构中具有句法或语义功能，这也是句法学家们的共识，所以它也具有概念必要性；同时，零形素也有语言内和语言外两种客观经验事实的支持，因而也具备经验必要性。

关于句法分析中设立和运用零形素的经验必要性，要从两个方面来考察：语言内事实的支持和语言外事实的支持。就语言内事实的支持，又分功能性和词汇性两类零形素分别获得的实证支持。最简方案框架下的句法理论中的核心功能语类 v 是最典型的零形素功能语类，在一般语言中都没有语音实现形式。因此，Kitahara（1997）指出，v 与其他功能语类有着重要区别，它既没有形态语音的实证，也无语义实证，不过是为满足维持"谓词内主语假设"（predicate-internal subject hypothesis）和投射双层 VP 结构的需要而设立的一个纯理论（theory-internal）的功能语类。相比之下，其他功能语类的设立都是为了满足 PF 或 LF 接口条件，建立在形态语音和语义实证基础之上，如功能语类 C、T 和 D 都有形态语音形式和语义特征（C 具有［mood］特征、T 具有［finiteness］特征、D 具有［referentiality］特征）。Stroik（2001）分析了英语中的谓语替代形式 do so 的用法，解释了大量相关语言事实，同时为 Chomsky（1995）的轻动词假设提供了支持：轻动词 v 具有［Vform］特征，助动词 do 就是其实现形式，因此 v 和其他功能语类一样也有形态语音和语义实证。Stroik（2001）认为，do so 不是一个 VP 替代形式，而是一个介于 AspP 和 VP 之间且带有［Vform］特征的投射的替代形式，而这个投射正是轻动词投射 vP。除了功能性零形素获得语言内实证支持，词汇性零形素也有显而易见的实证支持。Stroik（2001：362）指出，所谓功能语类得到形态语音实证是指其具备存在显性形态语音变体的一个必要条件。依次类推，一个词汇性零形素的设立是否得到形态语音实证要看它是否存在相应的显性变体。以汉语词汇性轻动词为例，汉语中也存在大量显性的轻动词，与零形素呈互补分布。在语义方面，词汇性零形素表达词汇意义。因此，词汇性零形素也能得到语言内的实证支持。

最后我们再从语言外实证看句法分析中设立和运用零形素的经验必要性。封世文、杨亦鸣（2011）的研究为句法零形素提供了重要的神经学实证。现代汉语中存在大量可以从主谓短语向动宾短语转化的词组，如"生活丰富→丰富生活""经济发展→发展经济"等。从句法角度看，这种转化之所以能够实现，是因为在汉语句法中存在一个在句法和语义功能上相当于显性使役动词"使"的轻动词 CAUSE，下层的非宾格动词向上移位并附加于词缀性的轻动词 CAUSE，最终形成使动结构，在句法和语义结构上都与含有显性使役动词"使"的使动结构（如"使生活丰富""使经济发展"等）相同。这种分析在理论和概念方面具有说服力，但并不能最终证明是轻动词 CAUSE 的存在。要证明轻动词 CAUSE 导致的句法移位确实存在于这类词组结构中，就必须解决一个关键问题：词组内部的移位到底有没有对应的神经机制。为此，封世文、杨亦鸣（2011）借助现代神经科学的研究方法，设计了词组内部移位操作的 fMRI 实验，专门探讨轻动词结构内动词移位的神经机制，特别是验证轻动词与词组内部移位操作有没有对应的大脑血氧活动的表现，从而进一步证明轻动词理论是否具有神经科学的证据。实验结果表明，上述词组中句法移位的脑机制主要与大脑左侧的额叶等脑区相关，轻动词及相关句法操作的过程与大脑左侧额叶中、下回的相关性在实验中得到了证实，从而在神经机制上证明了轻动词假设的合理性。

第七节　小结

零形素作为形态学和词汇语义学中一个有效的分析工具，运用相当普遍。在句法研究中的运用近年来也渐成气候。一方面，零形素作为一个理论构件在句法现象分析、描写和解释方面具有很强的功用，对句法理论构建和推动句法研究深入发展具有积极意义；另一方面，句法研究中的零形素作为一个语类或词项具有现实的身份，得到了语言内和语言外的实证支持。总之，句法研究中的零形素同时满足理论必要性、概念必要性和经验必要性。

　　基于对零形素的上述认识，我们将运用零形素分析汉语句法中的两个具体现象：一是汉语名词动用现象，一是汉语增元结构现象。我们将看到，由于汉英两种语言在零形素方面的差异，名词动用和增元结构两种句法现象呈现出跨语言的变异。

第五章 零形素与汉语名源动词的
句法语义生成 [①]

名源动词（denominal verb）是自然语言中的一种普遍现象，在汉英两种语言中都存在，却有着显著的差异，这些差异可归结为零形素在汉语中是有效的构句成分，在英语中则不是。第五章和第六章通过对名源动词的汉英对比分析来支持汉语句法层面的意合现象的本质是零形素参与了句子生成这一观点。

学界对名源动词生成的研究主要从构词形态（Quirk 1985；Plag 2003 等）、语用认知（Clark & Clark 1979；Bierwisch & Schreuder 1992；Chan & Tai 1995；Tai 1997；Kiparsky 1997；Kelly 1998；Dirveb 1999；王冬梅 2001；何星 2006 等）和词汇语义（Wunderlich 1997a；徐盛桓 2001a，b；Harley 2003 等）三个角度展开。也有个别学者从句法角度探讨名源动词的生成（Hale & Keyser 1993；Tyler 1999；Baker 2003），但这些研究基本都针对英语名源动词。对汉语名源动词句法生成机制和语义生成机制的系统研究在国内外比较稀少。

第一节 汉语名源动词

汉语名源动词的使用有两种情况：一是临时性、创造性地将一个名词

---

① 本章主要内容已发表在《现代外语》［"名源动词生成的句法机制刍议"，2010（2）：121 - 132］和《外语与外语教学》［"对名源动词语义生成的形式化分析"，2011（6）：6 - 11］。

用作动词，属词类活用现象，古代汉语的名词动用就属这种情况，现代汉语中也有名词活用成动词的例子，如（1）；一是名词的动词用法已经规约化，属词语兼类现象，Chan & Tai（1995）收集的现代汉语中的约110个名源动词就属这种情况，如（2）。

（1）a. 他在屋角猴着，一动也不动。

　　　b. 姑娘的眼睛电了我一下。

（2）a. 张三锄地。

　　　b. 李四圈牛。

本章主要以 Chan & Tai（1995）的语料为基础，探讨现代汉语中规约性名源动词（以下简称名源动词）的句法和语义生成机制。作为我们研究对象的名源动词符合以下标准（参见 Chan & Tai 1995）：

（3）a. 名源动词和相对应的名词（以下称源名词）音同或音近[①]；

　　　b. 源名词表达具体事物，名源动词表达与之相关的非隐喻义[②]；

　　　c. 单音节；

　　　d. 先有名词，后有动词。

名源动词的使用和理解要受语义、语用、句法等多重因素的制约。近年来，国内学者研究名源动词时主要着眼于对相关的语用和认知因素的探讨，却很少论及相关的句法因素［参见王薇（2007）的综述］。本文尝试从当代句法学角度分析名源动词的生成机制。我们对名源动词的句法推导的分析建立在三个主要理论假设之上：1）名源动词在"构词句法"（Lexical-syntax）中生成；2）名源动词的生成涉及两种轻语类：语义轻动词 V 和虚介词 P；3）名源动词的句法推导靠"动词补语并移"这一操作来完成。我们将名源动词根据事态类型分为四类：状态类、成就类、完成类和行为类。名源动词的句法推导模式是：在构词句法中，

---

　　① 上古汉语早期的"名词动用"靠前缀 ∗ s − 来实现，如 ∗ s − + zhǒu（帚）→ sao（扫）；到了上古汉语晚期，"名词动用"靠"去声别义"来实现，如 pang（旁）→ bang（傍）；而在现代汉语中，"名词动用"一般不伴随音变，如（1）—（2）所示。具体参见 Mei（1980, 1989）、Baxter & Sagart（1998）、Sagart（1999）、Chan & Tai（1995）等。

　　② 有一些名源动词表达隐喻义，如（1）中的"猴"和"电"，但该隐喻义的产生仍基于名源动词的初始非隐喻义（王冬梅 2001；何星 2006）。本文不涉及该类名源动词，主要是为了简化讨论，凸显名源动词生成的句法机制。

"动词补语并移"操作将合并在相应结构位置的源名词、虚介词和若干语义轻动词移位到 vP 中心语位置，形成的复合成分 "v-V-P-N" 在进入形态和语义解释机制后被分析成单个动词。四类名源动词的句法推导模式完全相同，但它们所涉及的语义轻动词在种类和数量上不同。名源动词的句法推导模式可以解释名源动词的一系列语义属性，如体特征、所表达事态的内在结构以及体转类的路径。同时，名源动词的句法推导模式也为其语义生成机制提供了基础，名源动词语义生成受句法推导中结构关系和 "生成词库" 的语义机制的共同制约。名源动词的句法推导规定了其语义生成的路径；在句法原则的制约下，"生成词库" 的语义生成机制依次发挥作用，生成名源动词的语义。名源动词的语义生成的形式化分析也可以解释名源动词的体特征、事态内在结构以及体跨类等现象，由此得出初步结论：词汇语义的生成在一定程度上要受制于先验的机制。

第二节　名源动词句法生成的理论框架

名源动词的句法推导基于三个主要的理论假设：Hale & Keyser（1993）的 "构词句法" 理论、汉语轻语类假设和 "动词补语并移" 假设。

一　构词句法

Hale & Keyser（1993）认为，每个动词都有一个 "词汇关系结构"（Lexical Relational Structure，以下简称 LRS），它决定着动词与句中其他成分之间的关系；LRS 本身是受制于句法原则。英语中一些由名词和形容词转化而来的动词（如 shelve，clear 等）的 LRS 源于其派生过程，而其派生过程严格遵守了句法原则。可见，句法原则不仅制约句子的生成，也支配着词的派生。因此，Hale & Keyser 区分了 "构词句法"（Lexical-syntax）和 "构句句法"（Sentential-syntax），前者在词库中起作用，负责词的派生，后者在句法〔即最简方案中的狭义句法（narrow syntax）〕中起作用，负责句子的推导。尽管两者起作用的领域不同，但都是同一套机制。我们吸收 Hale 和 Keyser 关于 "构词句法" 的思想，假定现代汉语名源动词的生成同样受句法制约，并尝试阐明这种句法制约①。

二　轻语类

汉语句子中包含一些有语义内容但没有语音实现形式的成分（Huang 1997；Lin 2001；温宾利、程杰 2007；程杰、温宾利 2008a；程杰 2009）。温宾利、程杰（2007）对文献中"轻动词"的外延进行了界定，区分 3 类"轻动词"：句法轻动词（light verb v）、语义轻动词（proto-verb）和助动词（auxiliary verb），它们分别投射 vP、VP 和 TP 三种不同的结构。其中，语义轻动词（如 HOLD、BECOME、CAUSE、DO 等）起塑造或改变事态结构的作用，表达语义内容，与补语之间呈多样性的选择关系。Huang（1997）和 Lin（2001）把这类成分也称"事态谓词"（eventuality predicate）。语义轻动词和普通实义动词都表达语义内容，只不过在语义结构的饱和程度方面有所差别。在句法推导中，语义轻动词和普通实义动词一样，都作为主动词在 V 处合并；此外，程杰、温宾利（2008a）和程杰（2009）提出"虚介词假设"，认为汉语不及物动词后的名词短语不是真正意义上的宾语，而是一个非核心论元，它通过一个虚介词 P 与动词建立联系，构成动词短语 [$_{VP}$ [$_{v'}$ V [$_{PP}$ [$_{P'}$ P DP]]]]。语义轻动词和虚介词是构成名源动词语义结构的必要成分，是其生成过程中必要的句法构件。

三　"动词补语并移"

程杰、温宾利（2008b）为统一解释双宾结构、与格结构、倒装结构以及短语动词中小品词的自然词序现象，提出了"动词补语并移"假设：

---

① Lin（2001）赞成 Hale & Keyser（1993）对"构词句法"和"构句句法"的区分，认为汉语名源动词首先在词库中生成，然后才进入狭义句法推导。为此，他在词库和句法的界面上设置了一个专门通过句法生成名源动词的阶段。但 Chomsky（1995：214）对 Hale & Keyser（1993）的区分不以为然，他认为既然构词和造句遵循同样的句法机制，不妨把两者都放入狭义句法（narrow syntax）。纵观句法研究，人们一直朝着简化狭义句法的方向努力，将更多的认知负担推向句法与词库、语音、语义和语用等各个界面。因此我们认为，将名源动词的生成置于"构词句法"更能体现句法研究所追求的实质性经济（substantive economy）和方法性经济（methodological economy）（Hornstein 2005）。

V 移位时，可能连带补语或其一部分并移，如（3）所示。我们将"动词补语并移"这一动词移位方式运用到对名源动词句法推导的分析。

（3）a. John sent to Mary a present not common in England.

b.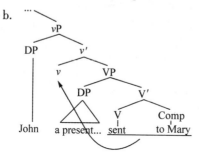

基于以上三项理论假设，我们提出名源动词的句法推导模式：在构词句法中，"动词补语并移"操作将基础生成在相应结构位置的源名词、虚介词和若干语义轻动词移位到 vP 中心语位置，形成的复合成分 "v-V-P-N" 在进入形态和语义解释机制后被分析成单个动词。

第三节 名源动词的事态类型

动词表达事态，根据所表达事态的不同给动词分类是当代语言学中一种重要的动词分类方法。动词的事态类型是动词的词汇语义与其句法行为的契合点。Vendler（1967）将事态分为四类：状态（state）、成就（achievement）、完成（accomplishment）和活动（activity）。Dowty（1979）据此把自然语言中的动词相应地分成四类：状态动词、成就动词、完成动词和活动动词。四类事态及相应动词的区分根据两项特征：终结性（±telic）和动态性（±dynamic），如（4）（Rothstein 2004：12）：

（4）动词的体特征

状态动词：［ -telic， -dynamic］无终点，无动态

成就动词：［ +telic， -dynamic］有终点，无动态

完成动词：［ +telic， +dynamic］有终点，有动态

活动动词：［ -telic， +dynamic］无终点，有动态

终结性和动态性两项特征可以转化为具体的语言检验手段来确定一个动词的事态类型，如（5）所列［参见 Rothstein（2004），Chapter Two］：

（5）动词事态类型的检验手段

事态类型	逻辑蕴含	时间状语		施为性特征				
		for α time	in α time	进行时态	persuade, force 等动词	祈使句	deliberately, carefully 等副词	分裂句
状态动词 -telic -dynamic	P 为状态动词，"x P-ed for y time" 蕴含 "y 期间的任何时候 'x P-ed' 都为真"	✓	×	×	×	×	×	×
成就动词 + telic -dynamic	P 为成就动词，"x P-ed" 蕴含 "x 因 P-ing 而获得一种新的状态"	×	✓	×	×	×	×	×
完成动词 + telic + dynamic	P 为完成动词，"x is P-ing" 不蕴含 "x has P-ed"	×	✓	✓	✓	✓	✓	✓
活动动词 – telic + dynamic	P 为活动动词，"x is P-ing" 蕴含 "x has P-ed"	✓	×	✓	✓	✓	✓	✓

　　根据表中的检验手段，我们也可把名源动词分成四种类型：状态类名源动词、成就类名源动词、完成类名源动词和活动类名源动词，如（6）所列[①]：

（6）名源动词的事态类型

名源动词	例词
状态类［– telic，– dynamic］	背（bèi）、面、滨、傍（bàng）
成就类［＋ telic，– dynamic］	侧、卷
完成类［＋ telic，＋ dynamic］	架、窖、圈（juàn）、鞴、垫、漆、堆、串、捆
活动类［– telic，＋ dynamic］	磅、刨、叉、锄、钉（dìng）、毒、钩、糊、抓

---

　　① 表（6）中名源动词的事态类型是我们运用表（5）中的检验手段——确定的。在检验过程中，我们发现，总体上每个名源动词都有一个比较确定的事态类型，但在运用个别检验手段时有些动词出现跨类现象，即文献中所指的体转类（aspectual-class shift）。动词的体（aspect）有两种：词汇体和语法体。词汇体指动词固有的独立于语境的体特征，即我们所讨论的动词的事态类型特征，文献中也称 Aktionsart；语法体指动词在特定句法结构中因受相关语法成分或范畴的影响而表现出来的体特征。如果一个动词的词汇体和语法体不一致，说明发生了体转类，即与动词连用的论元、修饰语、时态、句型等"迫使"（coerce）动词表现出不同于词汇体的特征。在讨论名源动词的事态类型时，我们很难避免这些造成体转类的因素，但这并不影响我们对名源动词事态类型的基本结论。关于体转类现象，详见 Harley（1999，2003）、Ross（2001）、Lin（2005）、Thompson（2006）等。

如果说一般动词（如"吃"）的事态类型特征源于其基本语义，那么名源动词的事态类型特征源自哪里？我们认为，名源动词作为派生动词，其事态类型具有显性的理据，与其派生过程有关。我们试图通过分析名源动词的句法推导过程来解释其事态类型的成因。

第四节　名源动词的句法推导

四类名源动词具有不同的事态类型特征，我们把这种差异归因于它们的句法推导过程：句法推导所涉及的语义轻动词各不相同，导致其语义结构的显性差异。但各类名源动词句法推导的总体模式是一样的：在构词句法中，"动词补语并移"操作将基础生成在相应结构位置的源名词、虚介词和若干语义轻动词移位到 vP 中心语位置，形成的复合成分"v-V-P-N"在进入形态和语义解释机制后被分析成单个动词。

一　状态类名源动词

在状态类名源动词的句法推导中，表示状态的语义轻动词 HOLD 起着中心作用，它联系 THEME 论元和 PP；PP 以虚介词 P 为中心语，以源名词为补语，表示源名词所处的状态或与表层宾语的关系。"动词补语并移"操作在狭义句法内将复合成分"HOLD-P-N"移到 vP 中心语位置；"拼读"（Spell Out）后复合成分"v-HOLD-P-N"被 LF/PF 解释机制分析成单个动词，它具有源名词的语音形式，也具有包括语义轻动词 HOLD、虚介词 P 和源名词 N 的复合语义结构。状态类名源动词的句法推导依赖三项假设："动词补语并移"、表示状态的语义轻动词 HOLD 和虚介词 P。语言运算系统会把处在 vP 中心语位置的动词复合形式"v-HOLD-P-N"在"拼读"后重新分析成一个形态词（Lasnik & Uriajereka 2005：115）。

以"背"为例，如（7）所示。根据我们的语感，THEME 论元"房子"处于一种与"背"相关的状态，这种状态又与"山"有一定关系。我们用语义轻动词 HOLD 表达"房子"所处的状态，用虚介词 P 表示"背"与"山"之间的关系。句法成分 HOLD、P 和"背"所处的结构位置满足

"动词补语并移"的条件，一起移到 vP 中心语位置①。

（7）a. 房子背山（面水）。

b.
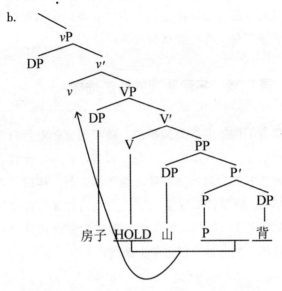

二　成就类名源动词

在成就类名源动词的句法推导中，表示变化的语义轻动词 BECOME 起中心作用，它联系 THEME 论元和表示状态的 VP；VP 的中心语为 HOLD，补语为 PP；PP 以虚介词 P 为中心语，以源名词为补语，表示源名词所处的状态。"动词补语并移"操作在狭义句法内将复合成分"BE-COME-HOLD-P-N"移到 vP 中心语位置；"拼读"后 LF/PF 解释机制把复合成分"v-BECOME-HOLD-P-N"分析成单个动词，它继承源名词的语音形式，其语义结构包括语义轻动词 BECOME、HOLD、虚介词 P 和源名词 N。

成就类名源动词的句法推导也依赖三项假设："动词补语并移"、语义

---

① 树形图（7b）及以下树形图中的各句法成分的合并位置及相应的句法操作主要遵循 Chomsky（2005）和 Radford（2006）的理论框架。但我们也采用了 Larson（1988）、Hale 和 Keyser（1993）和 Wunderlich（1997a, 2002）等人关于论元/论旨角色等级结构（Argument/Thematic Hierarchy）的思想，在 Spec-VP 位置合并 THEME/PATIENT 论元。我们在树形图中略去了与本文主题不太相关的细节。此外，介词短语 PP 的合并位置和"动词补语并移"的理据，详见程杰、温宾利（2008b）一文。

轻动词 BECOME 及 HOLD 和虚介词 P。语言运算系统会把处在 vP 中心语位置的动词复合形式"v-BECOME-HOLD-P-N"在"拼读"后重新分析成一个形态词。

以"侧"为例，如（8）所示。语感告诉我们，THEME 论元"船"经历了变化，进入一种新的状态，这种状态又与源名词"侧"有一定关系。我们用语义轻动词 BECOME 表示"船"经历的变化，用 HOLD 表达"船"进入的新状态，用虚介词 P 表示"船"与"侧"之间的关系。句法成分 BECOME、HOLD、P 和"侧"所处的结构位置满足"动词补语并移"的条件，一起移到 vP 中心语位置。

（8）a. 船侧了。

b.

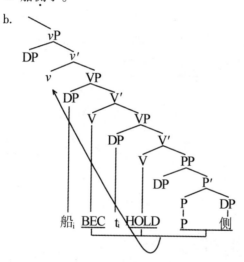

三　完成类名源动词

完成类名源动词的句法推导与成就类名源动词类似，但在 BECOME 之上多出一层投射：表示致使的语义轻动词 CAUSE。CAUSE 选择表示成就的 VP 作补语；成就 VP 的中心语为 BECOME，补语为表示状态的 VP；状态 VP 的中心语为 HOLD，补语为 PP；PP 以虚介词 P 为中心语，以源名词为补语，表示源名词所处的状态。"动词补语并移"操作在狭义句法内将复合成分"CAUSE-BECOME- HOLD-P-N"移到 vP 中心语位置；"拼读"后 LF/PF 解释机制将复合成分"v-CAUSE-BECOME-HOLD-P-N"分析成单个动词，它的语音形式与源名词相同或相近，它的语义结构包括语义轻动词 CAUSE、BECOME、HOLD、虚介词 P 和源名词 N。

完成类名源动词的句法推导依赖相同的三项假设："动词补语并移"、语义轻动词 CAUSE、BECOME 及 HOLD 和虚介词 P。语言运算系统会把 vP 中心语位置的动词复合形式 "v-CAUSE-BECOME-HOLD-P-N" 在 "拼读" 后重新分析成一个形态词。

以 "架" 为例，如（9）所示。根据我们的语感，CAUSER 论元 "张三" 致使 THEME 论元 "书" 经历改变，进入新的状态，这种状态又与源名词 "架" 有一定关系。我们用语义轻动词 CAUSE 表示 "张三" 的致使行为，用语义轻动词 BECOME 表示 "书" 经历的变化，用 HOLD 表示 "书" 进入的新状态，用虚介词 P 表示 "书" 与 "架" 之间的关系。句法成分 CAUSE、BECOME、HOLD、P 和 "架" 所处的结构位置满足 "动词补语并移" 的条件，一起移到 vP 中心语位置。

（9） a. 张三架书。

b.

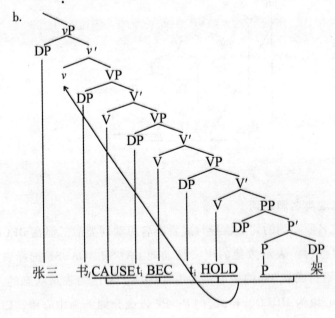

四 活动类名源动词

在活动类名源动词的句法推导中，表示行为的语义轻动词 DO 起中心作用，它联系 PATIENT 论元和 PP；PP 以虚介词 P 为中心语，以源名词为补语，表示源名词与行为 DO 的关系。"动词补语并移"操作在狭义句法内将复合成分"DO-P-N"移到 vP 中心语位置；复合成分"v-DO-P-N"在"拼读"后被 LF/PF 解释机制分析成单个的动词，它继承源名词的语音形式，其语义结构包括语义轻动词 DO、虚介词 P 和源名词 N。

活动类名源动词的句法推导也依赖三项假设："动词补语并移"、表示行为的语义轻动词 DO 和虚介词 P。语言运算系统会把 vP 中心语位置的动词复合形式"v-DO-P-N"在"拼读"后重新分析成一个形态词。

以"锄"为例，如（10）所示。根据语感，AGENT 论元"张三"的行为以 PATIENT 论元"地"为对象，这种行为又与"锄"有一定关系。我们用语义轻动词 DO 表达"张三"的行为，用虚介词 P 表示"锄"与行为 DO 之间的关系。句法成分 DO、P 和"锄"所处的结构位置满足"动词补语并移"的条件，一起移到 vP 中心语位置。

（10）a. 张三锄地。

b.

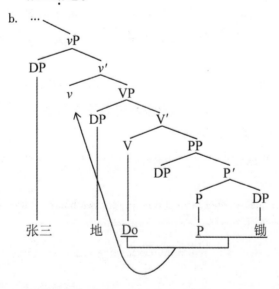

总之，四类名源动词的句法推导模式完全相同，只是所涉及的语义轻动词的种类和数量不同。四类名源动词的句法推导主要基于三个理论假设：1）源动词的生成发生在"构词句法"中；2）源动词的生成涉及两种轻语类：语义轻动词 V 和虚介词 P；3）源动词的句法推导靠"动词补语

并移"这一操作来完成。

第五节　名源动词的事态结构

以上我们运用逆向回溯的方法，先根据事态类型特征给名源动词进行了分类，然后据此分析了不同类型名源动词的句法推导。反过来讲，名源动词的生成受到句法的制约，它们遵循共同的推导模式，但涉及不同的语义轻动词，共同的句法制约和不同轻动词的参与导致了名源动词在事态类型上的确定性及相互差异。简言之，名源动词的句法推导决定其基本的语义结构。下面，我们分析名源动词的句法推导如何决定了其体特征、事态的内在结构以及体转类的路径。

一　体特征的决定因素

决定名源动词体特征（这里指词汇体，即 Aktionsart）的内在因素不外乎两个：一是语义轻动词，一是源名词。它们是名源动词句法推导中必要的也是唯有的句法成分。到底是哪个成分决定了名源动词的体特征呢？

Harley（1999，2003）认为，英语名源动词的体特征决定于源名词的有界性（boundedness），如果源名词有界，则名源动词具有 [+ telic] 特征，如果源名词无界，则名源动词具有 [-telic] 特征，如（11）所示：

(11) a. The cow calved in two hours/ * for two hours. （bounded → + telic）

b. The athlete sweated * in two hours/for two hours. （unbounded → -telic）

c. Sue whistled * in five minutes/for five minutes. （unbounded → -telic）

d. Bill bagged the snake in five minutes/ * for five minutes. （bounded → + telic）

e. John saddled the horse in five minutes/ * for five minutes. （bounded → + telic）

但我们发现，汉语名源动词的体特征与源名词的有界性之间没有必然的联系，如（12）—（15）所示：

（12）a. 张三面山而居。（bounded → -telic）

　　　b. 张三傍人门户。（unbounded → -telic）（状态类）

（13）a. 纸卷了。（bounded → +telic）

　　　b. 船侧了。（unbounded → +telic）（成就类）

（14）a. 张三垫了椅子。（bounded → +telic）

　　　b. 张三漆了桌子。（unbounded → +telic）（完成类）

（15）a. 张三锄地。（bounded → -telic）

　　　b. 张三尿尿。（unbounded → -telic）（活动类）

既然源名词的有界性对汉语名源动词的体特征不起决定作用，那起决定作用的很有可能就是其语义结构中的轻动词：HOLD 和 DO 分别赋予状态类和活动类名源动词以［-telic］特征，BECOME 和 CAUSE 分别赋予成就类和完成类名源动词以［+telic］特征。[①]

二　事态结构的单一性与复合性

语义轻动词参与名源动词的句法推导不仅决定着名源动词的体特征，也决定了名源动词的事态结构的单一性或复合性。

状态类和活动类名源动词的句法推导中分别只有一个语义轻动词参与，即 HOLD 或 DO，预示着这两类名源动词的语义结构只有单一的中心（singular-headed），状态类名源动词只凸显状态"HOLD"之义［如（16）］，活动类名源动词只凸显活动"DO"之义［如（17）］。

（16）a. 张三傍人门户有三年了。（for α time）（状态类）

　　　b. *张三三年内傍人门户了。（in α time）

　　　c. *张三正在傍人门户。（agentivity）

（17）a. 张三锄地有半小时了。（for α time）（活动类）

---

① 英语名源动词的体特征似乎与语义轻动词无关，据此我们初步认为，英语名源动词的生成可能不受句法制约，因而没有语义轻动词的参与，也就不存在是否由语义轻动词决定名源动词体特征的问题了。这对 Hale & Keyser（1993）在"构词句法"中推导英语名源动词的观点构成挑战。

b. ＊张三半小时内锄地了。(in α time)

c. 张三<u>正在</u>锄地。(agentivity)

成就类名源动词的句法推导中有两个语义轻动词参与，即 BECOME 或 HOLD，预示着这类名源动词的语义结构具有双重中心 (double-headed)，既可能凸显变化"BECOME"之义，也可能凸显状态"HOLD"之义，如 (18) 所示：

(18) a. 那张纸<u>很快/立刻/五分钟就</u>卷了。(凸显 BECOME)

b. 那张纸卷了<u>一个小时</u>。(凸显 HOLD)

c. ＊那张纸<u>很快/立刻/五分钟就</u>卷了<u>一个小时</u>。(不能同时凸显 BECOME 和 HOLD)

完成类名源动词的句法推导中有三个语义轻动词参与，即 CAUSE、BECOME 或 HOLD，预示着这类名源动词的语义结构具有多重中心 (multiple-headed)，既可能凸显致使"CAUSE"之义，也可能凸显变化"BECOME"之义或状态"HOLD"之义，如 (19) 所示：

(19) a. 张三<u>试着/故意/连忙</u>架了那本书。(凸显 CAUSE)

b. 张三<u>很快/立刻/五分钟就</u>架了那本书。(凸显 BECOME)

c. 张三架了那本书<u>两个小时</u>。(凸显 HOLD)

d. ＊张三<u>试着五分钟就</u>架了那本书。(不能同时凸显 CAUSE 和 BECOME)

e. ＊张三<u>五分钟就</u>架了那本书<u>两个小时</u>。(不能同时凸显 BECOME 和 HOLD)

f. ＊张三<u>试着</u>架了那本书<u>两个小时</u>。(不能同时凸显 CAUSE 和 HOLD)

g. ＊张三<u>试着五分钟就</u>架了那本书<u>两个小时</u>。(不能同时凸显 CAUSE、BECOME 和 HOLD)

可见，用于名源动词推导的句法结构和其表达的事态结构之间具有对应关系，参与推导的语义轻动词的种类和数量及其相互结构关系决定了名源动词所表达事态的内在结构。

三　体转类的路径

比较 (7) — (10) 中用于四类名源动词推导的句法结构，我们可以看出，用于完成类名源动词推导的句法结构（9b）嵌套用于成就类名源动词推导的句法结构（8b），用于成就类名源动词推导的句法结构（8b）嵌套用于状态类名源动词推导的句法结构（7b），但用于活动类名源动词推导的句法结构（10b）和用于其他三类名源动词推导的句法结构之间不存在嵌套关系。这种嵌套关系预示了四类名源动词之间体转类的可能路径：状态类—成就类—完成类，如（20）—（21）所示。同时，活动类名源动词与其他三类名源动词之间不存在体转类现象。如（22）所示，"锄"是个典型的活动类名源动词，可以通过（4）中全部七项检验手段。（22a）—（22b）的合法和（22c）不合法说明活动类名源动词不可能与完成类名源动词之间发生体转类，（22d）—（22h）的合法说明活动类名源动词不可能与成就类和状态类名源动词之间发生体转类。

（20）a. 张三的身子侧着。（状态类）

　　　b. 张三的身子侧了。（成就类）

　　　c. 张三侧了身子。（完成类）

（21）a. 张三架了书。（完成类）

　　　b. 张三的书架了。（成就类）

　　　c. 张三的书架着。（状态类）

（22）a. 张三正在锄地，他已经锄过半亩了。

　　　b. 张三锄地半小时了。

　　　c. * 张三半小时内锄地了。

　　　d. 张三正在锄地。

　　　e. 李四劝张三锄地。

　　　f. 锄地吧，张三！

　　　g. 张三小心地锄地。

　　　h. 张三所干的事是锄地。

总之，名源动词的体特征、所表达事态的内在结构以及体转类的路径都可以从其句法推导中得到解释，这说明我们为现代汉语名源动词的生成提出的句法推导模式具有一定的合理性。

第六节　名源动词的语义生成

　　名源动词的语义生成是受制于人们的认知经验还是某种先验的运算机制？如果名源动词的语义生成中有先验的因素起作用，它会是一种什么样的机制呢？对这两个问题的探讨和回答不仅对语言学理论的构建具有重要的意义，而且在自然语言处理方面也会产生一定的应用价值。

　　多年来，学界对名源动词语义生成的研究主要集中在语用推理和认知经验上。如 Clark & Clark（1979）认为，名源动词词义的产生基于说话人和听话人的语用合作和听话人对语境信息的演算；Bierwisch & Schreuder（1992）和 Kiparsky（1997）认为，名源动词的语义形成主要依赖语言使用者的概念知识；Kelly（1998）认为，对名源动词语义的解读受规则的制约，而这些规则形成于人们的语言认知经验；Dirven（1999）、王冬梅（2001）和何星（2006）把名源动词当成是事件图式的概念转喻现象，其意义的产生基于人们的转喻认知机制；徐盛桓（2001a, b）认为，名词里包含表达动作的语义成分，该成分在一定的语境作用下成为名词动用的语义基础，经过以功能代谢为特征的语法过程和以含义内化为特征的语义过程便形成名源动词，所以名源动词的词义源于语义、语法和语用等多因素的结合与互动。

　　然而，语言的"柏拉图问题"提出了一个不争的事实：人们内在的语言知识远远超出了语言经验的贡献（Chomsky 1985）。先验的语言知识不仅包括句法，也涉及词义的生成。"我们对几乎任何词语的知识远远超过我们仅从其使用中学得的知识。如果我们和其他说话人没有共享正确概括词义的能力，交际将会辛苦得让人难以忍受。"（Kiparsky 1997：1）语言使用者也一定彼此共享正确概括名源动词语义的能力，或曰名源动词的语义生成可能受先验规则的制约，否则它们的使用将会非常不便，名词动用现象在自然语言中也不会如此普遍。

　　关于语义生成的先验机制，解释语义学框架内的"语义合成"理论（Kats & Postal 1964）提出，句子意义的生成模式是句法单位的语义依照句法结构逐级依次合成，语义合成遵守一套形式化规则；"生成词库"

理论（Generative Lexicon，Pustejovsky 1995）认为，自然语言中的词与词结合时发生的词语创造和词义引申现象遵循一套形式化的先验规则。但不论是"语义合成"理论还是"生成词库"理论都针对显性的句法单位（如词、短语等），没有对名源动词的语义生成作出具体的分析。名源动词是词语转类的结果，只涉及一个有形成分（即源名词），所以对其语义生成的分析不能简单地套用"语义合成"理论或"生成词库"理论的规则。

　　名源动词的句法生成不仅涉及一个显性成分（即源名词），而且涉及若干个隐性成分（即轻动词和虚介词）。据此，名源动词的语义生成可以看成是源名词与相关隐性成分依照其句法生成路径逐级依次进行语义合成的结果，而语义合成则可以依照"生成词库"理论中的两个显性词语结合并发生词语创造和词义引申时所遵循的形式化规则来进行。

　　目前在文献中我们还没有发现对名源动词语义生成中可能存在的形式化规则的专门分析。下面我们根据汉语名源动词的句法推导机制，借鉴"生成词库"中的形式化规则（Pustejovsky 1995），分析汉语名源动词的微观语义生成过程。我们的假设是：名源动词的句法推导规定了其语义生成的路径；在句法原则的制约下，"生成词库"的语义机制依次发挥作用，生成名源动词的语义。在传统观点中，语义是名源动词生成的基础；但在我们的观点中，语义是"生成词库"机制对已经在句法中生成的名源动词进行解释的产物，名源动词语义的生成受先验规则的制约。

一　生成词库理论

Pustejovsky（1995）认为，词语搭配时的语义生成受先验规则的制约。"生成词库"理论旨在解释自然语言中的词语创造和词义引申现象。如果把名词动用看成是一种词语的创造性使用，即名词与某些零形素的搭配，那么名源动词的语义生成也应受制于先验的语义生成规则，我们可以借助"生成词库"的语义机制来分析名源动词语义生成的微观过程。

　　"生成词库"是一个演算系统，它纳入两个词项，然后演算它们在搭配时可能出现的创造义或引申义。"生成词库"的演算涉及词项的四个表征层：1）论元结构，即一个词项所带论元的数量和类型；2）事态结构，即一个词项所表达事态的基本类型以及内部结构；3）属性（qualia）结构，即一个词项可能表达的各种属性：形式（formal）属性、成分（constitutive）属性、功用（telic）属性和施为（agentive）属性；4）词汇继承结构，它说明一个词汇结构与词库其他词汇结构之间的联系。

四个表征层依靠一套生成手段来联结，这些生成手段对搭配中的词项进行语义转换和合成。"生成词库"使用三种生成手段：1）强制性转类（type coercion），即管辖词项强制被管辖词项进行语义转类，但不改变其句法类型；2）选择性关联（selective binding），即一个词项选择与另一词项语义结构的某一方面（或义项）发生关联，但不改变其语义类型；3）互补性合成（co-composition），即搭配中的两个词项互相填补充实空白的语义次结构，合成整体语义。

Pustejovsky 的分析主要针对英语中常见的词义创造和引申现象，但没有专门论及名源动词的语义生成。我们尝试运用"生成词库"的分析模式来阐释汉语名源动词的语义生成。

二 名源动词的语义生成分析

现在我们仍以"卷"和"锄"为例来分析复合成分"语义轻动词 V－虚介词 P－源名词 N"如何在"生成词库"机制和句法生成机制的共同作用下产生名源动词的语义。在我们的分析中，名源动词的语义生成既遵循其句法推导所形成的结构，又遵循"生成词库"中词义生成规则。

（一）状态类名源动词的语义生成

名源动词"卷"中的源名词"卷"具有的论元结构和属性结构如（23），虚介词 P 的论元结构和属性结构如（24），轻动词 HOLD 的事态结构、论元结构和属性结构如（25）。[①]

---

① "不确定"是指相关的语义值尚未确定，需要在与其他词项搭配时得到确定。符号#指相关的属性角色（quale role）与该词项不相关，即每个词项表达一个属性结构，但不是每个词项都对每个属性角色赋有定值（Pustejovsky 1995：76）。此外，不是每类词项的语义结构都包括四层表征，有些表征层对某类词项可能是不相关的。

（23）[$_N$ 卷]

$$
\begin{bmatrix}
论元结构 = [论元_1 x：物体] \\
属性结构 =
\begin{bmatrix}
成分 = x\_ 有界 \\
形式 = x：形状\_ 状态 \\
功能 = （不确定） \\
施为 = 保持\_ 状态（e, w, x）
\end{bmatrix}
\end{bmatrix}
$$

（24）[$_P$ P]

$$
\begin{bmatrix}
论元结构 =
\begin{bmatrix}
论元_1 = （不确定） \\
论元_2 = （不确定）
\end{bmatrix} \\
属性结构 =
\begin{bmatrix}
成分 = \# \\
形式 = （不确定） \\
功用 = \# \\
施为 = \#
\end{bmatrix}
\end{bmatrix}
$$

（25）[$_V$ HOLD]

$$
\begin{bmatrix}
事态结构 =
\begin{bmatrix}
事件_1 = e_1：状态 \\
中心 = e_1
\end{bmatrix} \\
论元结构 =
\begin{bmatrix}
论元_1 = x：物体 \\
论元_2 = y：状态
\end{bmatrix} \\
属性结构 =
\begin{bmatrix}
成分 = 状态\_ 世界 \\
形式 = y：状态 \\
功用 = \#施为 = 保持\_ 状态（e_1, x, y）
\end{bmatrix}
\end{bmatrix}
$$

　　名源动词的句法推导有若干零形素（即轻动词 V 和虚介词 P）的参与，它们的语义值需要在与其他词项搭配时得到填补，所以"互补性合成"是名源动词语义生成时主要起作用的生成手段。首先，"互补性合成"发挥作用来生成 [$_{PP}$ P 卷] 的语义结构。管辖词项 P 和被管辖词项"卷"带着各自的语义结构（即四层表征），按句法机制首先搭配在一起。两个语义结构会合二为一，这种合并通常以双方某些属性值的同一性为基础。两个词项在论元结构和属性结构两个表征层互相贡献语义值，互相填补语义空白，最终形成 [$_{PP}$ P [$_N$ 卷]] 的语义结构。但虚介词 P 的论元结构和属性结构中的各项语义值都不确定，因此最终 $[_{PP} P [_N 卷]]$ 的语义结构主要反映的是源名词"卷"的各项语义值，如（26）所示。这里，虚介词 P 的意义得以确定，关键是吸收了源名词"卷"的形式属性角色"形状状态"，$[_{PP} P [_N 卷]]$ 的意思相当于"具有'卷'的形状"、"处于'卷'的状态"等。[①]

（26）$[_{PP} P [_N 卷]]$

$$\left[\begin{array}{l} 论元结构 = \left[\begin{array}{l} 论元_1 = x：物体 \\ 隐性论元_1 = y：状态 \end{array}\right] \\ 属性结构 = \left[\begin{array}{l} 成分 = \# \\ 形式 = y：状态 \\ 功用 = \# \\ 施为 = \# \end{array}\right] \end{array}\right]$$

"互补性合成"接着作用于 $[_{VP} HOLD [_{PP} P [_N 卷]]]$。管辖词项 HOLD 和被管辖成分 $[_{PP} P [_N 卷]]$ 带着各自的语义结构按句法机制搭配在一起，它们具有相同的形式属性角色，合二为一，生成 $[_{VP} HOLD [_{PP} P [_N 卷]]]$ 的语义结构，表达"具有'卷'的形状"、"处于'卷'的状态"之类的意义，如（27）所示。

（27）$[_{VP} HOLD [_{PP} P [_N 卷]]]$

$$\left[\begin{array}{l} 事态结构 = \left[\begin{array}{l} 事件_1 = e_1：状态 \\ 中心 = e_1 \end{array}\right] \\ 论元结构 = \left[\begin{array}{l} 论元_1 = x：物体 \\ 隐性论元_1 = y：状态 \end{array}\right] \\ 属性结构 = \left[\begin{array}{l} 成分 = 状态\_无界 \\ 形式 = y：状态 \\ 功用 = \# \\ 施为 = 保持-状态（e_1, x, y） \end{array}\right] \end{array}\right]$$

---

① $[_{PP} P 卷]$ 除了有一个显性的论元（即论元_1）外，还有一个隐性论元（shadowed argument），它已经被包含在 $[_{PP} P 卷]$ 中，即源名词"卷"。换言之，P 的第二个论元在 P 与"卷"合并后已得到实现，"隐藏"在 $[_{PP} P 卷]$ 中了。见 Pustejovsky（1995：63）。

（二）成就类名源动词的语义生成

"互补式合成"将轻动词 BECOME 和 [$_{VP}$HOLD [$_{PP}$ P [$_N$ 卷]]] 的语义结构合二为一，生成成就类名源动词"卷"的语义结构。

轻动词 BECOME 的语义结构如（28）所示，最终生成的名源动词 [$_{VP}$ BECOME [$_{VP}$HOLD [$_{PP}$ P [$_N$ 卷]]]] 的语义结构如（29）所示。比较（27）和（29），我们发现状态类和成就类名源动词的语义结构之间的主要区别在于事态结构：[$_{VP}$HOLD [$_{PP}$ P [$_N$ 卷]]] 表达一个简单事态，包含一个事件，只有一个中心（head）；[$_{VP}$ BECOME [$_{VP}$HOLD [$_{PP}$ P [$_N$ 卷]]]] 表达一个复合事态，由两个事件 e_1 和 e_2 构成，其中 e_1 先于 e_2 发生，e_1 和 e_2 都有可能成为整个事态的中心。换言之，轻动词 BECOME 向状态类名源动词的语义结构附加一个"变化"事件，就产生了成就类名源动词的语义结构，即 x 发生变化，获得 y 状态。

（28）[$_V$BECOME]

$$
\begin{bmatrix}
事态结构 = \begin{bmatrix} 事件_1 = e_1：变化 \\ 事件_2 = e_2：状态 \\ 顺序 = e_1 < e_2 \\ 中心 = e_1 \ 或 \ e_2 \end{bmatrix} \\
论元结构 = \begin{bmatrix} 论元_1 = x：（不确定） \\ 隐性论元_1 = y：状态 \end{bmatrix} \\
属性结构 = \begin{bmatrix} 成分 = 成就\_ \ 有界 \\ 形式 = 保持\_ \ 状态（e_2，x，y） \\ 功用 = \# \\ 施为 = 改变\_ \ 过程（e_1，w，x） \end{bmatrix}
\end{bmatrix}
$$

(29) $[_{VP}\text{BECOME}\ [_{VP}\text{HOLD}\ [_{PP}P\ [_N\ 卷]]]]$

$$
\begin{array}{l}
\text{事态结构} = \left[\begin{array}{l}
\text{事件} 1 = e1:\ \text{变化} \\
\text{事件} 2 = e2:\ \text{状态} \\
\text{顺序} = e1 < e2 \\
\text{中心} = e1\ \text{或}\ e2
\end{array}\right] \\[2em]
\text{论元结构} = \left[\begin{array}{l}
\text{论元} = x:\ \text{物体} \\
\text{隐性论元} = y:\ \text{状态}
\end{array}\right] \\[1.5em]
\text{属性结构} = \left[\begin{array}{l}
\text{成分} = \text{成就\_ 有界} \\
\text{形式} = \text{保持\_ 状态}\ (e2,\ x,\ y) \\
\text{功用} = \# \\
\text{施为} = \text{改变\_ 过程}\ (e_1,\ w,\ x)
\end{array}\right]
\end{array}
$$

（三）完成类名源动词的语义生成

完成类名源动词"卷"的语义生成仍要靠"互补式合成"来完成：它将轻动词 CAUSE 和 $[_{VP}\text{BECOME}\ [_{VP}\text{HOLD}\ [_{PP}P\ [_N\ 卷]]]]$ 的语义结构合二为一，生成新的语义结构。轻动词 CAUSE 的语义结构如（30）所示，最终生成的名源动词 $[_{VP}\text{CAUSE}\ [_{VP}\text{BECOME}\ [_{VP}\text{HOLD}\ [_{PP}P\ [_N\ 卷]]]]]$ 的语义结构如（31）所示。

(30) $[_V\text{CAUSE}]$

$$
\begin{array}{l}
\text{事态结构} = \left[\begin{array}{l}
\text{事件}_1 = e_1:\ \text{活动} \\
\text{事件}_2 = e_2:\ \text{变化} \\
\text{事件}_3 = e_3:\ \text{状态} \\
\text{顺序} = e_1 < e_2 < e_3 \\
\text{中心} = e_1,\ e_2\ \text{或}\ e_3
\end{array}\right] \\[2.5em]
\text{论元结构} = \left[\begin{array}{l}
\text{论元}_1 = x:\ （\text{不确定}） \\
\text{论元}_2 = y:\ （\text{不确定}） \\
\text{隐性论元}_1 = z:\ \text{状态}
\end{array}\right] \\[2em]
\text{属性结构} = \left[\begin{array}{l}
\text{成分} = \text{完成\_ 有界} \\
\text{形式} = \text{保持\_ 状态}\ (e_3,\ y,\ z) \\
\text{功用} = \# \\
\text{施为} = \text{做\_ 活动}\ (e_1,\ x,\ y)
\end{array}\right]
\end{array}
$$

（31）$[_{VP}CAUSE\ [_{VP}BECOME\ [_{VP}HOLD\ [_{PP}P\ [_N 卷]]]]]$

$$
事态结构 = \begin{bmatrix} 事件_1 = e_1：活动 \\ 事件_2 = e_2：改变 \\ 事件_3 = e_3：状态 \\ 顺序 = e_1 < e_2 < e_3 \\ 中心 = e_1 \ 或 \ e_3 \end{bmatrix}
$$

$$
论元结构 = \begin{bmatrix} 论元_1 = x：（不确定） \\ 论元_2 = y：物体 \\ 隐性论元_1 = z：状态 \end{bmatrix}
$$

$$
属性结构 = \begin{bmatrix} 成分 = 完成\_ \ 有界 \\ 形式 = 保持\_ \ 状态 \ (e_3, y, z) \\ 功用 = \# \\ 施为 = 做\_ \ 活动 \ (e_1, x, y) \end{bmatrix}
$$

与（29）相比，完成类名源动词 $[_{VP}\ CAUSE\ [_{VP}\ BECOME\ [_{VP}\ HOLD$ $[_{PP}P\ [_N 卷]]]]]$ 表达一个更为复杂事态，由三个事件 e_1、e_2 和 e_3 构成，其中 e_1 先于 e_2 发生，e_2 先于 e_3 发生，e_1、e_2 和 e_3 都有可能成为整个事态的中心。换言之，轻动词 CAUSE 向成就类名源动词的语义结构附加一个"致使"事件，就产生了完成类名源动词的语义结构，即 x 做出行为，使 y 发生变化并获得 z 状态。

（四）活动类名源动词的语义生成

最后，我们分析活动类名源动词"锄"的语义生成。源名词"锄"具有的论元结构和属性结构如（32），虚介词 P 的论元结构和属性结构如（33），轻动词 DO 的事态结构、论元结构和属性结构如（34）。[①]

首先，"互补式合成"把源名词"锄"和虚介词 P 的语义结构合并，生成 $[_{PP}P\ 锄]$ 的语义结构。因虚介词 P 的论元结构和属性结构中的各项语义值都不确定，因此最终 $[_{PP}P\ [_N 锄]]$ 的语义结构主要反映的是源名词"锄"

---

① 默认论元（default argument）指在逻辑上存在但在句法上不必实现的论元，如"锄"作为一个物体总是由某种材料制成的，表达这种材料的论元就是名词"锄"默认论元。见 Pustejovsky（1995：63）。

的各项语义值，如（35）所示。虚介词 P 吸收了源名词"锄"的形式属性角色"工具"，其意义才得以确定，[_{PP} P [_N 锄]] 的意思相当于"用'锄'"。

（32）[_V 锄]

$$
\left[
\begin{array}{l}
\text{论元结构} = \left[\begin{array}{l} \text{论元}_1 = x：物体 \\ \text{默认论元} = y：物体 \end{array}\right] \\[2ex]
\text{属性结构} = \left[\begin{array}{l} \text{成分} = y\_\ 有界 \\ \text{形式} = x：工具 \\ \text{功用} = 使用\_\ 活动 \\ \text{施为} = 制作\_\ 活动\ (e, w, y) \end{array}\right]
\end{array}
\right]
$$

（33）[_P P]

$$
\left[
\begin{array}{l}
\text{论元结构} = \left[\begin{array}{l} \text{论元}_1 = （不确定） \\ \text{论元}_2 = （不确定） \end{array}\right] \\[2ex]
\text{属性结构} = \left[\begin{array}{l} \text{成分} = \# \\ \text{形式} = （不确定） \\ \text{功用} = \# \\ \text{施为} = \# \end{array}\right]
\end{array}
\right]
$$

（34）[_V DO]

$$
\left[
\begin{array}{l}
\text{事态结构} = \left[\begin{array}{l} \text{事件}_1 = e_1：活动 \\ \text{中心} = e_1 \end{array}\right] \\[2ex]
\text{论元结构} = \left[\begin{array}{l} \text{论元}_1 = x：物体 \\ \text{论元}_2 = y：物体 \end{array}\right] \\[2ex]
\text{属性结构} = \left[\begin{array}{l} \text{成分} = 活动\_\ 无界 \\ \text{形式} = 活动 \\ \text{功用} = \# \\ \text{施为} = 做\_\ 活动\ (e_1, x, y) \end{array}\right]
\end{array}
\right]
$$

（35）[_{PP} P [_N 锄]]

$$
\left[
\begin{array}{l}
\text{论元结构} = \left[\begin{array}{l} \text{论元}_1 = x：物体 \\ \text{默认论元} = y：物体 \end{array}\right] \\[2ex]
\text{属性结构} = \left[\begin{array}{l} \text{成分} = \# \\ \text{形式} = 工具/方式 \\ \text{功用} = \# \\ \text{施为} = \# \end{array}\right]
\end{array}
\right]
$$

"互补式合成"接着将轻动词〔$_v$ DO〕和介词短语〔$_{PP}$ P〔$_N$ 锄〕〕的语义结构合并，生成〔$_{VP}$DO〔$_{PP}$ P〔$_N$ 锄〕〕〕的语义结构，表达"用'锄'做某事"之义，如（36）所示。

（36）〔$_{VP}$ DO〔$_{PP}$ P〔$_N$ 锄〕〕〕

$$
\begin{bmatrix}
\text{事态结构} = \begin{bmatrix} \text{事件}_1 = e_1\text{：活动} \\ \text{中心} = e_1 \end{bmatrix} \\[2mm]
\text{论元结构} = \begin{bmatrix} \text{论元}_1 = x\text{：物体} \\ \text{论元}_2 = y\text{：物体} \\ \text{隐性论元} = z\text{：物体} \end{bmatrix} \\[2mm]
\text{属性结构} = \begin{bmatrix} \text{成分} = \text{活动\_ 无界} \\ \text{形式} = \text{活动} \\ \text{功用} = \# \\ \text{施为} = \text{做\_ 活动 }(e_1,\ x,\ y,\ z) \end{bmatrix}
\end{bmatrix}
$$

三　形式化语义生成分析的优点

我们运用"生成词库"的语义生成机制依次对汉语四类名源动词的语义生成作了形式化分析，这种分析不仅阐明了名源动词语义生成的微观过程，也有助于解释名源动词在语义上的一些特点。

首先，形式化分析以句法推导为基础，依赖句法结构，体现了句法和语义的严格对应。在句法推导中，源名词先与虚介词 P 合并，形成的〔$_{PP}$ P 源名词〕再与若干轻动词依次合并；在语义生成中，"生成词库"的相关机制先作用于源名词和虚介词以生成〔$_{PP}$ P 源名词〕的语义结构，再作用于〔$_{PP}$ P 源名词〕和相应的轻动词，循序生成名源动词的语义。在传统观点中，名源动词的使用和理解依赖人们的认知经验和语用推理，但我们的分析对传统观点构成挑战：名源动词的语义生成受句法制约，语义不是名源动词产生的基础，而是"生成词库"机制对已经在句法中生成的名源动词进行解释的产物。

其次，形式化分析可以解释汉语名源动词体特征的成因。在我们的分析中，源名词属性结构中的形式角色可能是有界的（如上述的"卷"和"锄"），也可能是无界的；但对虚介词 P 来说，属性结构中的形式角色是不相关的，所以源名词的有界性特征不能被二者合并而形成介词短语的属性结构所继承，如（26）和（35）所示。对轻动词来说，属性结构中的形式角色却是相关的，如（25）、（28）、（30）和（34）所示；最后形成的动词短语的属性结构中形式角色的有界性与其中轻动词的有界性是一致的，如（27）、（29）、（31）和（36）所示。这不仅可以解释为什么源名词的有界性对汉语名源动词的体特征不起决定作用，而且也说明了起决定作用的因素是轻动词：HOLD 和 DO 分别赋予状态类和活动类名源动词以 [-telic] 特征，BECOME 和 CAUSE 分别赋予成就类和完成类名源动词以 [+telic] 特征。

再次，形式化分析可以解释汉语名源动词事态结构的单一性或多重性。状态类和活动类名源动词的语义结构只有单一的中心（singular-headed），如上述（16）—（17）；成就类名源动词的语义结构具有双重中心（double-headed），如（18）；完成类名源动词的语义结构具有多重中心（multiple-headed），如（19）。根据我们的分析，状态类和活动类名源动词的语义结构中分别只有一个语义轻动词，即 HOLD 或 DO；成就类名源动词的语义结构中有两个语义轻动词，即 BECOME 或 HOLD；完成类名源动词的语义结构中有三个语义轻动词，即 CAUSE、BECOME 或 HOLD。每个轻动词都有自己的事态结构，语义结构中轻动词的种类和数量及其相互结构关系决定了名源动词所表达事态的内在结构。可见，轻动词在名源动词语义结构中的存在不仅决定着名源动词的体特征，也决定了名源动词事态结构的单一性或复合性。

最后，形式化分析也可以解释汉语名源动词的体跨类现象。如上述（20）—（21）所示，状态类、成就类和完成类名源动词的体可能出现互相跨类现象；如上述（22）所示，活动类名源动词与其他三类名源动词之间不存在体跨类现象。在我们的分析中，状态类名源动词的语义结构 [如（27）] 嵌套于成就类名源动词的语义结构 [如（29）]，而成就类名源动词的语义结构又嵌套于完成类名源动词的语义结构 [如（31）]，这种嵌套关系的存在解释了为什么在这三类名源动词之间存在体跨类现象。相比之下，活动类名源动词与其他三类名源动词在语义结构之间不存在嵌套关系，因而不能实现体的跨类。

总之，名源动词的体特征、所表达事态的内在结构以及体跨类等现象都可以从对其语义生成的形式化分析中得到解释，这说明我们为现代汉语名源动词的语义生成进行的形式化分析具有一定的合理性，也进而说明我们为现代汉语名源动词的句法生成进行的分析也具有合理性。

第七节　小结

我们尝试从当代句法学角度探讨现代汉语名源动词的生成机制。我们的分析建立在三个主要理论假设之上：1）名源动词在"构词句法"（Lexical-syntax）中生成；2）语义轻动词 V 和虚介词 P 参与名源动词的生成；3）名源动词的句法推导运用"动词补语并移"操作。在构词句法中，"动词补语并移"操作将合并在相应结构位置的源名词、虚介词和若干语义轻动词移位到 vP 中心语位置，形成的复合成分"v-V-P-N"在进入形态和语义解释机制后被分析成单个动词。我们提出的名源动词的句法推导模式可以解释名源动词的一系列语义属性，如体特征、事态的内在结构以及体转类的路径。在此基础上，我们遵循解释语义学的基本思想，把"生成词库"的语义解释机制用于分析汉语名源动词的语义生成，得出结论：名源动词的语义生成受句法推导中的结构关系和"生成词库"的语义机制的共同作用。这一形式化分析不仅阐明了名源动词语义生成的微观过程，也有助于解释名源动词在语义上的一些特点。

显然，零形素参与了汉语名源动词的句法生成，但它能否参与英语名源动词的句法生成呢？下章将着重回答这个问题。

第六章　名源动词的共时变异

名词动用不是现代汉语独有的现象，世界许多语言的词汇中都有源于名词的派生动词，比如英语中就存在大量的名源动词。名词动用呈跨语言的共时变异。本章对比分析名源动词在汉语与英语之间的变异现象，并试图在上一章对现代汉语名源动词句法生成分析的基础上对两方面的变异现象做出解释。现代汉语名源动词与英语名源动词在数量、语义类型和体貌特征三方面存在显著差异，造成这些差异的原因可能是汉语名源动词在句法中生成，受到句法制约，而英语名源动词在词库中生成，不受句法制约。

而导致汉英名源动词生成机制差异的根本原因是零形素的属性在汉英两种语言之间的不同：它在汉语中是活跃的构句成分，在英语中则不是。

第一节　汉英名源动词的差异

现代汉语（本章以下"汉语"仅指"现代汉语"）名源动词和英语名源动词之间存在三大不对称现象：数量不对称（英语多，汉语少）、语义类型不对称（有些语义类型仅英语有，汉语没有）和体貌特征不对称（英语中源名词决定名源动词的体貌特征，汉语中没有）。

从数量上讲，英语中的名源动词远远多于汉语。Clark & Clark（1979）收集了1300多个英语名源动词，每个名源动词符合四项标准：1）从名词到动词未加词缀；2）源名词指称具体物体或其属性；3）表达非隐喻义；4）为一般限定动词。相比之下，汉语中的名源动词远远少于英语。Chan &

Tai（1995）参照 Clark & Clark（1979）的四项标准在汉语中才收集了不到 110 个名源动词，其中有几个经我们仔细分析还不符合上述标准。这一数量差异可能与汉英名源动词的类型差异有关，即英语名源动词的部分类型在汉语中不存在。但即使在两种语言共同拥有的类型中，数量差异也非常明显，比如位置（Location）名源动词，Clark & Clark（1979）在英语中收集到 200 多个，Chan & Tai（1995）在汉语中仅收集到 10 个。

从语义类型上看，英语名源动词的部分类型在汉语中是缺失的，如下图所示（Clark & Clark 1979；Hale & Keyser 1993；Harley 1999，2003；Chan & Tai 1995 等）：

（1）汉英名源动词的类型不对称

Subtypes	Mandarin	English
Agent	＊＊＊	butcher, police, master, etc.
Patient/Theme	＊＊＊	lunch, fish, tea, etc.
Location	架、窖、圈等	land, jail, station, etc.
Locatum	泥、瓦、油等	cover, spice, fence, etc.
Goal	串、堆、粉等	powder, group, pile, etc.
Source	＊＊＊	piece, word, letter, etc.
Duration	＊＊＊	summer, vocation, overnight, etc.
Instrument	铲、锯、抓等	bicycle, mop, hammer, etc.

可以看出，汉语名源动词中源名词扮演的语义角色只有"位置""被置""目标"和"工具"，没有"施事""受事""时段"和"来源"。而英语名源动词中源名词扮演的语义角色包括所有上述内容。

在体貌特征（aktionsart）方面，汉语名源动词的体貌特征不受其中源名词语义属性的影响，而英语名源动词的体貌特征在一定程度上决定于其中源名词的语义属性。如（2）—（5）所示，汉语名源动词中源名词的所指可能是有界的，也可能是无界的，但与名源动词的体貌特征之间都没有必然联系。

（2）a. 张三面山而居。（bounded → -telic）

　　b. 张三傍人门户。（unbounded → -telic）（状态类）

（3） a. 纸卷了。（bounded → + telic）

b. 船侧了。（unbounded → + telic）（成就类）

（4） a. 张三垫了椅子。（bounded → + telic）

b. 张三漆了桌子。（unbounded → + telic）（完成类）

（5） a. 张三锄地。（bounded → -telic）

b. 张三尿尿。（unbounded → -telic）（活动类）

但是，英语名源动词的体貌特征决定于其中源名词的有界性，即名源动词表达的事态和其源名词指称的物体之间具有同构性（homomorphism），名源动词的体貌特征是根据源名词的有界性来衡量的（Harley 1999, 2003）。反映"事态—物体"同构性的第一类名源动词是 Hale & Keyser（1993）提出的"生育"动词（verbs of birthing），它们表达有界事态，相应的名词指称有界物体，如（6）所示：

（6） a. The cow calved in two hours/ * for two hours.

b. The mare foaled in two hours/ * for two hours.

c. The dog whelped in two hours/ * for two hours.

第二类是表达"体液流出"（bodily emission of fluids）的动词，源名词表达的体液是无界的，相应的动词表达的事态也是无界的，如（7）所示：

（7） a. The baby drooled for two hours/ * in two hours.

b. The athlete sweated for two hours/ * in two hours.

c. The wound bled for two hours/ * in two hours.

第三类是"活动"动词，活动事态是无界的，源名词指称这类无界的活动，如（8）所示：

（8） a. Sue danced for five minutes/ * in five minutes.

b. Sue whistled for five minutes/ * in five minutes.

c. Sue slept for five minutes/ * in five minutes.

第四类也是"活动"动词，表达瞬间性的、不能任意延续的"点状"活动，与源名词的指称一样既不能有界，也不能无界，如（9）所示：

（9） a. Sue hopped * for five minutes/ * in five minutes.

b. Sue tripped * for five minutes/ * in five minutes.

c. The light flashed * for five minutes/ * in five minutes.

第五类是"位置"动词，源名词指称的位置一般为有界的空间，相应动词表达"将 x 带进某位置"的有界事态，如（10）所示：

（10）a. Bill bagged the snake ＊for five minutes/in five minutes.

b. Jill corralled the horse ＊for five minutes/in five minutes.

c. Tom shelved the book ＊for five minutes/in five minutes.

第六类是"被置"动词，源名词指称被放置在某位置的物体，可以是有界的，也可以是无界的，相应动词既可表达有界事态，也可表达无界事态，如（11）所示：

（11）a. John saddled the horse ＊for five minutes/in five minutes.

b. Mom blindfolded a six-year-old ＊for five minutes/in five minutes.

c. Susan watered the garden for thirty minutes/in thirty minutes.

d. Bill greased the chain for fifteen minutes/in fifteen minutes.

e. Jill painted the wall for fifty minutes/in fifty minutes.

最后一类是"工具"动词，源名词一般指称有界的物体，而涉及工具的事态一般为活动类事态，倾向于无界，如（12）所示：

（12）a. John hammered the metal for five minutes/? in five minutes.

b. Sue brushed the dog for five minutes/? in five minutes.

c. Jill raked the leaves for five minutes/? in five minutes.

第二节　名源动词生成中的参数变异

在上一章，我们分析了名源动词的句法生成机制。我们对名源动词的句法推导的分析建立在三个主要理论假设之上：1）名源动词在"构词句法"（Lexical-syntax）中生成；2）名源动词的生成涉及两种轻语类：语义轻动词 V 和虚介词 P'；3）名源动词的句法推导靠"动词补语并移"这一操作来完成。我们根据事态类型将名源动词分为四类：状态类、成就类、完成类和行为类，这四类名源动词的句法推导模式完全相同，但它们所涉及的语义轻动词在种类和数量上不同。名源动词的句法推导模式是：在构词句法中，"动词补语并移"操作将合并在相应结构位置的源名词、虚介词和若干语义轻动词移位到 vP 中心语位置，形成的复合成分"v-V-P-N"

在进入形态和语义解释机制后被分析成单个动词（Lasnik & Uriajereka 2005：115）。这一分析模式能够对汉语名源动词的事态结构特征提供直接的解释，也为名源动词的语义生成研究提供了句法基础。但是这一分析模式是否适用于英语名源动词的生成还不得而知。汉英名源动词的三大差异显示两种语言中名词动词化的机制应该有所不同。我们认为，汉英名源动词之间的显著差异可能是因为汉语名源动词句法推导机制所包含的三项句法构件（即虚介词 P、语义轻动词 V 和"动词补语并移"操作）的跨语言参数变异。

一　虚介词 P 的活跃与怠惰

语类虚介词 P 在汉语和英语中的表现不同。它在汉语词汇中的有效词项，在汉语句法推导和语义表达中起重要作用，但在英语中它是惰性的，在句法结构和语义表达中没有地位。虚介词 P 的这种跨语言变异表现在诸多句法和语义现象中。

（一）　不及物动词后跟宾语现象

我们在第四章和第五章已经提到，不及物动词后面紧跟一个名词短语在汉语中是一种常见现象，如（13）所示：

（13）　a. 飞上海

　　　　b. 起半夜

　　　　d. 吃食堂

　　　　e. 吃筷子

　　　　f. 睡地板

　　　　g. 睡女人

但在英语中这类结构一般是被禁止的。如（14）所示，仿照（14）创造的英语动词短语是不可接受的，除非名词短语前有一个显性的介词。

（14）　* fly Shanghai/fly to Shanghai

　　　　* rise midnight/rise at midnight

　　　　* sober up wine/sober up from wine

　　　　* eat the canteen/eat in the canteen

　　　　* eat chopsticks/eat with chopsticks

　　* sleep the floor/sleep on the floor

　　* sleep a woman/sleep with a woman

　　虚介词假设可以为上述汉英差异提供一种解释：汉语中，不及物动词后面可跟一个以虚介词 P 为中心语的介词短语，而英语中的介词短语一般要以适当的显性介词作为中心语。

　　（二）动宾短语再后跟宾语现象

　　汉语中的动宾短语后面有时可以再跟一个宾语，但这在英语中是不可能的，除非在第二个名词短语之前加上一个恰当的显性介词，如（15）和（16）所示：

　　（15）a. 回首往事

　　　　　b. 出兵海湾

　　　　　c. 放歌原野

　　（16）a. * turn head past things/turn head to past things

　　　　　b. * send troops the Gulf/send troops to the Gulf

　　　　　c. * sing songs the open country/sing songs in the open country

　　虚介词假设同样可为这一差异提供解释：汉语中动宾短语后面的名词短语实际上是一个有虚介词投射的介词短语，而英语中的相应结构位置上需要一个显性介词。

　　（三）名词性状语

　　汉语中的名词短语可作状语（刘月华等 2001：49 – 50），其特点是在这些所谓的名词短语前可加上一个显性介词而保持意义不变，如（17）所示：

　　（17）a. 下星期我离开北京。/**在**下星期我离开北京。

　　　　　b. 咱们上海见。/咱们**在**上海见。

　　　　　c. 您屋里坐。/您**到**屋里坐。

　　英语中，除了一些表示时间的名词短语，一般名词短语不能直接作状语，如（18）所示：

　　（18）a. Next week I am leaving Beijing. /**In** next week I am leaving Beijing.

　　　　　b. * Let's meet Shanghai. /Let's meet **in** Shanghai.

　　　　　c. * You sit the room. /You sit **inside** the room.

根据虚介词假设，汉语所谓的名词性状语实际上是包含虚介词 P 的介词短语，而英语中一般用包含显性介词的介词短语作状语。

以上汉英句法现象说明，虚介词这一句法语类呈跨语言变异：它在汉语句法中是活跃的，但在英语句法中是怠惰的。

二　语义轻动词的活跃与怠惰

我们在汉语名源动词的句法和语义生成分析中一直秉承这样一个思想：语义轻动词和虚介词，和其他显性词项一样，表征在汉语词库中，在句法演算时被直接从词库中提取出来进入句法推导。但这些零形素的使用会因语言而异。语义轻动词在汉语句法中至少在两个方面起着重要作用：选择主语（Lin 2001）和呼应句末助词（Shen 2004），但在英语句法中很少见到。

（一）汉语轻动词的活跃性

轻动词在汉语句法的两个方面发挥着显著的功能。第一方面是汉语主语的非选择属性（unselectiveness of subjects）（Lin 2001：Chapter Three）。有些汉语句子的主语与其谓语动词之间没有明确的选择关系，但这并不影响句子的语法合格性，这种现象有悖于动词应严格选择内外论元的传统思想。为解决这一问题，Lin（2001）提出，汉语句子主语和谓语动词之间的句法关系是以轻动词为媒介的，即主语不是由谓语动词选择的，而是由轻动词允准的。轻动词作为维系主语与谓语动词之间关系的纽带，在含有位置主语、致事主语和其他类型主语的结构中扮演着显著的角色。

首先，在包含位置主语的句子中，谓语动词可以是状态、成就、完成或活动四类动词中的任何一类，与主语之间没有严格的选择关系，如（19）所示。Lin（2001）认为，在这类句子中，位置主语是由轻动词 EXIST 选择的，EXIST 的补语为一个由正常的状态、成就、完成或活动类动词投射的 VP，下层显性动词提升附加到轻动词 EXIST。

（19）a. 墙上有一幅画。（状态）

　　　b. 菜市场里死人了。（成就）

　　　c. 圈里圈了三头牛。（完成）

　　d. 炉子上炖着一锅牛肉。（活动）

　　在包含致事主语的句子中，谓语动词可以是任何行为动词（活动动词和完成动词），与主语之间没有明确的选择关系，如（20）所示。Lin（2001）认为，这类句子中的致事主语是由轻动词 CAUSE 选择的，CAUSE 的补语为一个由正常的行为动词投射的 VP，下层显性动词提升附加到轻动词 CAUSE。

　　（20）a. 这锅牛肉炖得我累得半死。

　　　　　 b. 那块蛋糕烤的整个厨房香喷喷的。

　　包含其他类型主语的句子也会表现出谓语动词和主语之间的非选择性，如（21）所示。这些句子中，句法和语义明显不匹配：马拉松不会跑、计划不会写、镇子不会来。Lin（2001）认为，这几个句子中的主语分别是由轻动词 PROCEED、INCLUDE 和 OCCUR 选择的，轻动词的补语为一个由正常动词投射的 VP，下层显性动词提升附加到轻动词。

　　（21）a. 这场马拉松已经跑了二十公里了。

　　　　　 b. 这个计划总共写了五篇报告。

　　　　　 c. 镇子来了三个陌生人。

　　轻动词在汉语句法中发挥着显著功能的第二个方面是体貌呼应（Shen 2004）。汉语句子末尾的助词 le（习惯上称之为 Le2）是否出现与谓语动词的动态或静态释义之间具有对应关系。如（22）和（23）所示（Ibid. 142），（22）中的"倒"是一个动态动词，可以和句尾助词"了"共现，不能和与静态动词呼应的零形素 Ø 共现；（23）中的"好吃"表示静态事态，不能和句尾助词"了"共现，但可以和与静态动词呼应的零形素 Ø 共现。

　　（22）a. 这棵树倒了。

　　　　　 h. ＊这棵树倒 Ø。

　　（23）a. 昨天的晚饭很好吃 Ø。

　　　　　 b. ＊昨天的晚饭很好吃了。

　　但是，有时会有句末助词与动词的动态性不相呼应的情况，如下列六个句子都符合语法，但 a 句和 b 句中呼应关系正常相配，c 句和 d 句中呼应关系错配，e 句和 f 句中表面上呼应关系没有错配，但经仔细分析发现实际上存在双重错配（Ibid. 153 – 154）。

（24） a. 张三很高兴［-D］红酒 Ø。

b. 我睡［＋D］了。

c. 我喝［＋D］红酒 Ø。

d. 小红喜欢［-D］张三了。

e.（只要张三有钱），小红就喜欢［-D］他 Ø。

f.（你走吧），我睡［＋D］了。

Shen（2004）认为，呼应关系错配的句子之所以能被接受，是因为在句末助词和谓语动词之间的结构节点上存在若干轻动词，它们起到"矫正"呼应关系的作用。（24）中六个句子分别代表了汉语中动词的动态性与句尾助词"了"搭配的六种可能，其事态结构图解如下：

（25）轻动词与句尾助词的呼应关系

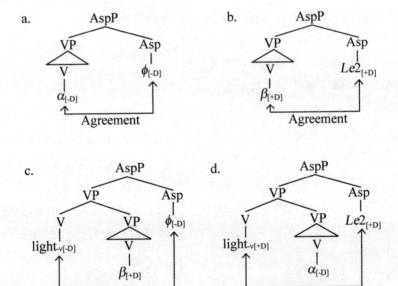

（二）英语轻动词的怠惰性

轻动词在英语句法中不扮演任何显著的角色，至少在解决谓语动词与主语或谓语动词与体貌成分不相匹配的问题方面。

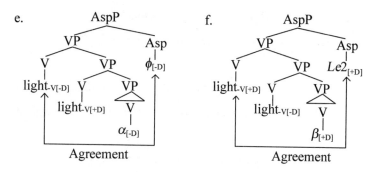

英语句子的一个典型特征是谓语动词与主语之间具有严格的选择关系。一个可能的原因是英语句法中没有轻动词可用，一个直接的后果是没有必要在谓语动词与主语之间设置轻动词作为联系的纽带。首先我们来看放置动词（verbs of placement）在英汉句法中的不同表现。英语中的放置动词，如 put，plant，paint，smear，spill，hide，write，print，carve，hang 等，一般只选择施事主语。与之形成鲜明对比的是，汉语中的放置动词，如"放""种""画""涂""洒""藏""写""印""刻""挂"等，可以和各种不同类型的主语共现，如施事、受事、位置等，如（26）—（27）所示：

（26）a. John put some books on the desk. （施事主语）

　　 b. * Some books put on the desk. （受事主语）

　　 c. * On the desk put some books. （位置主语）

（27）a. 张三放了一本书在桌子上。（施事主语）

　　 b. 一些书放在桌子上。（受事主语）

　　 c. 桌子上放着一些书。（位置主语）

英语中与汉语放置主语对应的成分往往以介词短语的形式出现，当它处在句首时，句子结构往往倒装，且倾向于选择一个状态动词，如（28）所示。如果谓语动词为其他类型，则个能选择位置主语，如（29）中与上述（19）中汉语句子相对应的英语句子都不合语法。

（28）a. On the wall hangs a picture.

　　 a′. * The wall hangs a picture.

　　 b. In the water exist some impurities.

　　 b′. * The water exists some fishes.

(29) a. *The vegetable market died someone.

   b. *The corral corrals three cows.

   c. *The shelf shelves many books.

   d. *The stove stews a pot of beef.

还有，与（20）中的汉语致事主语句相仿的英语句子也是不能接受的，如（30）所示：

(30) a. *This pot of beef stewed me extremely exhausted.

   b. *That cake baked the whole kitchen so aromatic.

最后，与（21）中的汉语句子相仿的英语句子，因包含与谓语动词不具选择关系的主语，都是不可接受的，如（31）所示：

(31) a. *This marathon has run twenty kilometers.

   b. *This project has written five reports altogether.

   c. *The town came three strangers.

英语句子除了主谓之间有严格选择关系外，也没有表示体貌的句尾助词。一个可能的原因也是英语句法中没有轻动词可用（假如英语有句尾体貌助词，那么在出现句尾体貌助词与谓语动词不相呼应时，就没有轻动词出面补救），一个直接的后果是没有必要在谓语动词与体貌助词之间设置轻动词作为联系的纽带。汉语句子中汉语动词的体貌通常由词尾助词"着"（进行体）、"了"［完成体（通常称之为 Le1）］、"过"（经历体）以及轻动词来表达和修饰，而英语句子中谓语动词的体貌仅由动词的曲折词尾来表达。轻动词在汉语句子中表达体貌的功能在英语句子中往往由一些迂回表达方式（periphrasis）来完成，试比较下列英汉句子：

(32) a. 张三很高兴$_{[-D]}$ Ø$_{[-D]}$。

   b. Zhangsan is very glad.

(33) a. 张三睡$_{[+D]}$了$_{[+D]}$。

   b. Zhangsan has fallen asleep.

(34) a. 我V$_{[-D]}$喝$_{[+D]}$红酒 Ø$_{[-D]}$。

   b. I want to drink red wine.

(35) a. 小红V$_{[+D]}$喜欢$_{[-D]}$张三了$_{[+D]}$。

　　b. Xiaohong has <u>come to</u> like Zhangsan.

（36）a. （只要张三有钱，）小红 V$_{[-D]}$ 就 V$_{[+D]}$ 喜欢$_{[-D]}$他 Ø$_{[-D]}$。

　　b. （If Zhangsan is rich，）Xiaohong <u>should come to</u> like him.

（37）a. （你走吧，）我 V$_{[+D]}$ V$_{[-D]}$ 睡$_{[+D]}$了$_{[+D]}$。

　　b. （You may leave here.）It is time that I <u>should/want to</u> sleep.

　　鉴于在英语句子中解决谓语动词与主语或谓语动词与体貌成分不相匹配方面见不到轻动词的身影，我们认为，轻动词在英语句法中是怠惰的。

三　"动词补语并移"的适用性

　　在汉语名源动词句法推导分析中，"动词补语并移"操作将合并在相应结构位置的源名词、虚介词和若干语义轻动词移位到 vP 中心语位置，形成的复合成分 "v-V-P-N" 在进入形态和语义解释机制后被分析成单个动词（Lasnik & Uriajereka 2005：115）。但这一句法操作并不适用于英语名源动词的生成。我们认为，Hale & Keyser（1993，1997，1999）对英语名源动词生成的句法分析有诸多问题，英语名源动词的生成很可能只是遵循简单的形态规则 "N→V"，并无句法机制的参与，这也正是 Clark & Clark（1979）的观点。

　　（一）"动词补语并移" 不适用于英语名源动词生成

　　在上面我们举例证明了虚介词 P 和轻动词 V 在汉语句法中是活跃的、显著的，因而能够参与相关句法操作，但是同样的轻语类或零形素在英语句法中是怠惰的、隐晦的，因而不参与相关句法操作。换言之，虚介词 P 和轻动词 V 是表征在汉语词库中的词项（lexical item），能够进入词列（Lexical Array/Numeration）供句法演算；但是，英语词库中不存在虚介词 P 和轻动词 V 这样的词项，因此它们不会出现在英语句法运算中。我们认为，这一差异也同样适用于构词句法，因为构词句法和构句句法遵循同样的原则（Hale & Keyser 1993，1997，1999）。

　　"动词补语并移" 不论在汉语中还是在英语中都是一种有效的句法操作（程杰、温宾利 2008），能够合理地解析汉语名源动词的生成过程。但是，基于轻语类（虚介词 P 和轻动词 V）的 "动词补语并移" 并不适用于解析英语名源动词的生成，有三方面的理由支持这一观点。第一，在名源动词的句法生成中，源名词的语音形式要继续用来表征作为"动词补语并移"结果的复合成分"v-V-P-N"；第二，要利用"动词补语并移"操作生成名源动词，VP 和 PP 的中心语必须是零形素，因而是词缀性的，否则就无法生成标准的名源动词；第三，虚介词 P 和轻动词 V 在英语构句句法中是怠惰的，因而也是英语构词句法操作所不可及的。

因此，英语名源动词的生成可能另有机制。从逻辑上讲，至少存在两种可能：一是有一种不同于"动词补语并移"的句法操作在起作用，比如 Hale & Keyser（1993，1997，1999）提出的"并和"（conflation）机制（受构句句法中制约中心语移位的同样原则的制约，但在构词句法中发生）；一是不存在任何句法机制的参与，只遵循单纯的形态规则"N→V"（Clark & Clark 1979）。下面，我们要指出 Hale & Keyser 的"并和"机制中的一些问题，得出结论：英语名源动词的生成不受句法制约，只遵循形态规则"N→V"。

（二）Hale & Keyser 的"并和"机制中的问题

Hale & Keyser（1993，1997，1999）对词汇关系结构（lexical relational structure）的研究在学界很具影响力，它揭示了构词的句法本质，即一些派生词的句法属性可以追溯到其赖以生成的受句法制约的形态过程。我们吸收了 Hale & Keyser 关于构词句法的基本理论假设，比较合理地分析了汉语名源动词的句法生成机制。但在此过程中，我们发现 Hale & Keyser 对英语名源动词生成的分析存在三个方面的问题。这些问题的存在说明，句法分析不能完全解释英语名源动词的生成，单纯的形态分析能提供更合理的解释。

第一个问题，在于解释英语名源动词生成时 Hale & Keyser 假定英语词库中存在轻动词和虚介词。Hale & Keyser 主要分析了非作格和位置/被置两类英语名源动词，其词汇关系结构或相关名源动词赖以生成的句法结构分别如（38）和（39）所示（参见 Hale & Keyser 1993：54–7）：

（38）a．calf（*n.*）→ calve（*v.*）（Unergative）

b.

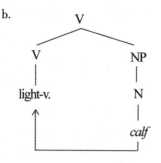

（39）a．shelf（*n.*）→ shelve（*v.*）（Location）

b.

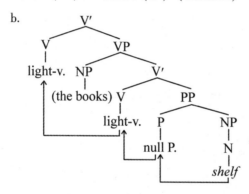

　　在非作格名源动词 calve 的生成中，源名词 calf 进行中心语移位，并入轻动词。在位置名源动词 shelve 的生成中，源名词 shelf 进行中心语移位，并入虚介词，形成的复合中心语［P-shelf］再进行中心语移位，并入下层轻动词，形成的复合中心语［V-P-shelf］再次进行中心语移位，并入上层轻动词，形成更复杂的中心语［V-V-P-shelf］。不管对词汇关系结构还是对并合操作来说，轻动词和虚介词两类零形式都是不可或缺的。我们不禁要问，这些零形素是不是表征在英语词库中并且可用于构词句法操作？Hale & Keyser 显然持肯定态度。但是，我们已经证实了这两类零形素在英语构句句法中是不存在的。理想的状况是，在特定语言中某一轻语类要么同时存在于构词句法和构句句法，要么在构词句法和构句句法中同时缺席。

　　第二个问题在于为非作格动词建立的词汇关系结构（38b）。根据Hale & Keyser 的观点，构词句法中的并合操作要遵守 Baker（1988）提出的中心语移位限制（以下简称 HMC），即一个 X⁰ 成分只能移位到严格管辖它的 Y⁰ 成分，而 HMC 本身是空语类原则（以下简称 ECP）的一个特例（Chomsky 1981：273）。诚然，（38）和（39）中的句法操作遵守了 HMC 或 ECP。但是我们发现，（39）中源名词的结构位置违反了 Baker（1988：46）提出的"论旨角色指派统一性假设"（Uniformity of Theta Assignment Hypothesis，以下简称 UTAH），即在任何两种自然语言中或同一语言中的两个短语中，相同的论旨关系应该由相同的结构关系来表达。按照 Hale & Keyser 秉持的词汇分解理论，名源动词 calve 的语义结构中源名词 calf 所扮演的语义角色要么是受事 THEME 要么是一个间接论旨角色（oblique θ-role）。再根据 Hale & Keyser 一贯坚持的动词短语构造，扮演受事论旨角色的论元的结构位置是 Spec-VP，扮演间接论旨角色的论元的结构位置是 VP-Comp。这样一来，calve 的词汇关系结构应如（40b）或（40c）所示：

(40) a. calf (*n.*) →calve (*v.*)（Unergative）

b. THEME role

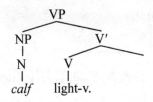

c. Oblique role

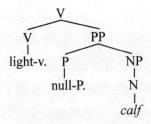

如果我们选择（40b），它满足 UTAH，但源名词 calf 从 Spec-VP 到 V 的并合操作违反 HMC 或 ECP；如果我们选择（40c），calf 从 PP-Comp 到 P 再到 V 的并合操作遵守 HMC 或 ECP，但虚介词 P 似乎没有语义贡献，纯属多余，最终还是违反 UTAH。总之，Hale & Keyser 对非作格名源动词的分析以及我们提出的两种补救选择都是有问题的。这可能说明，构词句法分析不适用于这类名源动词。

第三个问题在于 Hale & Keyser 的分析框架并不适用于所有名源动词类型。以施事和受事类名源动词为例，这两类名源动词的词汇关系结构分别如（41b）和（42b）所示。施事类名源动词的词汇关系结构中，源名词基础生成在上层 Spec-VP 位置，从 N^0 到 V^0 中心语移位因违反 HMC 或 ECP 而无法进行；受事类名源动词的词汇关系结构中，源名词基础生成也在 Spec-VP 位置，从 N^0 到 V^0 中心语移位同样因违反 HMC 或 ECP 而无法进行。换言之，这两类名源动词无法在 Hale & Keyser 的理论框架下推导出来。

（41）a. butcher，police，master，etc. （施事类名源动词）

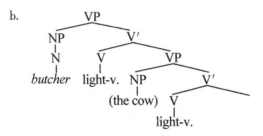

b.

（42）a. lunch，fish，tea，etc. （受事类名源动词）

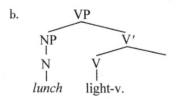

b.

此外，时段类名源动词（如 summer，vocation，overnight 等）和来源类名源动词（如 piece，word，letter 等）的词汇关系结构难以表达，更谈不上分析其句法生成过程。

鉴于以上问题，我们认为，Hale & Keyser 对英语名源动词的构词句法并合分析可能是个错误。当然，并非他们对关于构词句法的基本理论假设有误，只是英语名源动词的生成机制不管在 Hale & Keyser 的理论框架下还是在我们的分析模式中都不能得到合理的解释。但是，汉语名源动词的生成却能在我们主张的基于 Hale & Keyser 的构词句法基本理论假设的分析模式中得到很好的解释。

四 名源动词的两种生成方式：句法制约与句法自由

总结上面的讨论，轻动词和虚介词在汉语句法中是活跃的、显著的，而在英语句法中是怠惰的、隐晦的，因此基于轻语类的"动词补语并移"也只适用于解释汉语名源动词的生成，而不是用于英语名源动词的生成。因此，我们得出结论，基于轻语类的"动词补语并移"操作能够分析汉语名源动词，因为汉语名源动词的生成受句法制约；同样的分析模式以及 Hale & Keyser 的构词句法并合分析模式均不适用于英语名源动词，因为英语名源动词的生成不受句法制约，只遵循单纯的"N→V"形态规则。

无独有偶，Lieber & Baayen （1993） 在对英语构词进行语义分析时指出，一种构词方式在语义上要么是确定的，要么是不确定的，名词向动词的转类是典型的语义不确定的例子。"在名词向动词转类的过程中似乎并没有固定的词汇概念结构，而仅仅是语用推理在一个名词转类成动词时决定着动词的词汇概念结构。"（Lieber 1998：15）这种观点指向一个结论：句法在英语名词向动词转类时不起作用；否则，应该有一个固定的词汇概念结构。英语的构词和造句相分离的观点也得到了"词库参数"理论（The Parameter of the Lexicon）的支持（Li 2005：120）。该理论认为，语言系统中有一个包含语言所有形素的"形素库"（m-lexicon）模块，也有一个负责用形素构成词语的"构词"（morphology）模块，还有一个负责用词语构成句子的"造句"（syntax）模块，如（43）所示：

（43） The Parameter of the Lexicon

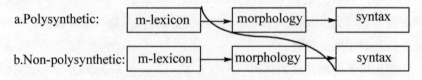

a.Polysynthetic:

b.Non-polysynthetic:

在多项综合性语言中，构词机制和造句机制属于同一范畴；而在非多项综合性语言中，构词机制和造句机制分属不同范畴。尽管"词库参数"理论主要针对多项综合性语言和非多项综合性语言之间的类型差异，但与我们关于汉英名源动词生成机制的初步结论不谋而合。英语是一种非多项综合性语言，其构词法和造句法互相分离，属于不同范畴。换言之，英语构词不受句法原则制约。不过，汉语是一种分析性或孤立性语言，而不是一种综合性语言，更谈不上多项综合性语言，但其在名源动词生成机制方面却和多项综合性语言相似，即构词受句法原则制约。这一问题有待进一步探讨。

第三节　汉英名源动词差异的句法解释

以上分析得出结论：汉语名源动词的生成受制于句法机制，即基于轻语类的动词补语并移操作；英语名源动词的生成不受句法制约，仅遵循单纯的形态规则"N→V"。以此结论为基础，我们可以比较严谨地解释汉英名源动词之间的三种不对称现象。

一　数量上的不对称

汉英名源动词在数量上的差异要归因于它们各自所经历的不同生成机制：汉语名源动词是在句法机制下生成的，英语名源动词是在形态机制下生成的。汉语名源动词在其生成过程中，句法施加了诸多限制，包括对源名词语义类型的限制（即只允许放置、被置、目标、工具类名词）、对源名词可进入的句法结构的制约（即以轻动词为中心语、以介词短语为补语的 VP）、对源名词结构位置的制约（即介词短语的补语位置）以及对相关句法操作的制约（即"动词补语并移假设"）。而在英语名源动词的生成中，不存在句法制约，起作用的只是一条形态规则"N→V"，这条规则告诉语言使用者可以自由地将一个名词当作动词使用，只要听话人能理解它的意思。英语名源动词的使用既有创造性的一面，又非常依赖语境，因此，Clark & Clark（1979：782 - 787）将名源动词界定为"语境词"（con-textuals），其意义解读遵循下列规则：

（44）说话人在认真地使用一个名源动词时，他的意旨是：1）他有充分理由相信在这种场合听话人能基于和说话人的共享信息马上判定的唯一情景；2）源名词指称该情境中的一个参与者，而语句表层的其他论元指称该情境中的其他参与者。

我们以英语的 dog 和汉语的"狗"为例来说明上述差异。假如形态规

则"N→V"分别作用于英语名词 dog 和汉语名词"狗",我们可以得到相应的名源动词,如(45)所示:

(45) a. The child <u>dogged</u> me for hours.

　　 b. *那个孩子<u>狗</u>了我几个小时。

从语用方面讲,上面两个句子中,英语的 dog 和汉语的"狗"都能够根据语用规则(44)得到解读。但英语的 dog 作为动词是可以接受的,汉语的"狗"却不能当作动词使用。这说明在汉语中一个名源动词的生成仅靠使用形态规则和满足语用规则是不够的,它还要接受句法机制的检验。作为一个施事类名源动词,汉语"狗"的句法生成过程如(46)〔与(41a)相同〕所示。显而易见,基础生成在 Spec-*v*P 的施事论元"狗"因 HMC 不能向下移位,相关的动词补语并移操作也不能发生,也就不可能最终生成名源动词"狗"。

(46) a. 狗(施事类名源动词)

　　 b.

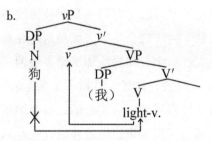

汉语名源动词生成所受的句法限制削减了可能的名源动词类型,因而在很大程度上削减了名源动词的数量。当然,不能说句法限制是汉语名源动词数量小的唯一因素。在很多情况下,有些名词向动词的转类满足句法的要求,但依然不能成为名源动词。如下列所示,汉语名词"房"在理论上有可能转类为一个放置类名源动词,但实际上却不是。

(47) a. The farmer <u>housed</u> the farm tools.

　　 b. *那个农民<u>房</u>了农具。

(48) a. house (n.) →house (v.)(Location)

　　 b. *fang (n.) →fang (v.)(Location)

我们认为,一般的构词需涉及语言系统各个层面(即句法、语义、语音和形态)的信息以及各类语言外信息(如语境、文化、认知等),并且遵守相关规则。构词过程需要遵守的规则种类越多，构词数量就越少。就汉语名源动词而言，句法对其生成过程的制约是其数量少的一个重要原因，但是可能还有其他类型的规则也在起一些制约作用，如语音规则、形态规则等。不过，这些问题已经超出了本研究的范围。目前，我们只能将汉语名源动词数量少的事实部分归因于句法制约。

二　类型上的不对称

英语名源动词包括施事、受事、位置、被置、目标、工具、时段、来源等各种类型，而汉语名源动词只包括位置、被置、目标、工具四类。这一类型上的差异同样可以归因于英语名源动词的生成是句法自由的，而汉语名源动词的生成受制于句法原则。施事、受事、工具、时段、来源等类型的名源动词之所以在汉语中不存在是因为相关的生成过程违反句法原则，英语拥有几乎所有类型的名源动词是因为其生成不受句法的制约。下面我们一一说明施事、受事、时段、来源四类名源动词的生成怎样违反句法原则。

首先，在施事类名源动词的生成过程中，源名词因扮演 AGENT 论旨角色，其基础生成位置应该在 Spec-vP，"动词补语并移"操作无法进行。在 Hale & Keyser 的框架中，源名词需要下移附加于轻动词，明显违反 HMC 或 ECP，如上面（46）所示。

受事类名源动词的生成过程中，源名词因扮演 THEME/PATIENT 论旨角色，其基础生成位置应该在 Spec-VP，"动词补语并移"操作也无法进行。在 Hale & Keyser 的框架中，源名词也需要下移附加于轻动词，同样违反 HMC 或 ECP，如上面（49c）所示。

(49) a. They tea at five.

b. *他们在五点钟茶。

c.
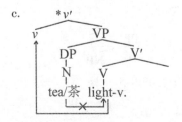

关于时段类名源动词，源名词既可以当成一个由语义上相当于 SPEND 的轻动词允准的受事论元，在 Spec-VP 位置基础生成，也可以当成一个附加语论元，在附加于 VP 的介词短语的补语位置基础生成，如（50）和（51）所示。在两种情况下，轻动词都不能充分统制源名词，导致"动词补语并移"操作无法进行。

（50）a. We summered at the seashore.

b. * 我们在海边夏天了。

（51）a. 源名词为受事论旨角色

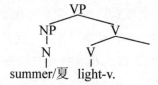

b. 源名词为附加语论旨角色

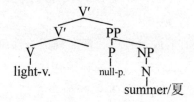

关于来源类名源动词，源名词最适合当成一个附加语论元，在附加于 VP 的介词短语的补语位置基础生成，如（52）所示。在这种情况下，轻动词不能充分统制源名词，导致"动词补语并移"操作无法进行。

（52）a. She pieced a quilt.

b. * 她块了一床被子。

c. 源名词为附加语论旨角色

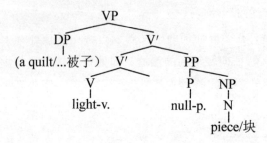

最后，对于时段类和来源类名源动词，还有一种可能性：源名词在作为 VP 补语的 PP 的补语位置基础生成，如（53）所示。这样一来，"动词补语并移"操作能够顺利进行，"夏天"和"块"理应成为可接受的名源动词。但它们并不是事实上的名源动词，这似乎与虚介词 P 的语义属性有关。虚介词 P 的语义是抽象的，在具体的语境下只允许默认的解读（如表示位置、被置、目标、工具等），而不允许比较具体的解读（如表达来源、时段等）。

（53）

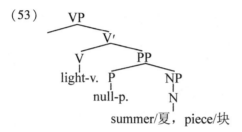

summer/夏，piece/块

还有一个可供设想的角度，那就是只有表达位置、被置、目标和工具的 PP 可以被 V 选择作补语，其他类型的 PP 则只能作为附加语。但是这种设想仍需得到实证支持。

总而言之，施事、受事、时段和来源四类名源动词很难在我们的分析模式下或者在 Hale & Keyser 的理论框架下得到合理的分析。汉英名源动词在类型方面的差异就可以根据名词在转类为动词时是否受句法制约给予直接的解释。

三　体貌特征方面的不对称

汉语名源动词的体貌特征与源名词的语义特征没有关联，而英语名源动词的体貌特征与源名词的语义特征具有同构性。这一不对称现象也能从汉英名源动词各自不同的生成机制中得到解释。

汉语名源动词的生成依靠基于虚介词和轻动词的"动词补语并移"这一句法机制。一方面，在名源动词的语义解读过程中，虚介词 P 阻挡源名词的"有界性"语义特征向轻动词的渗透，即处在管辖位置的虚介词 P 不接受处于其补语位置的源名词的"有界性"语义贡献，因为源名词的有界性特征对于介词短语而言是不相关的；另一方面，轻动词本身具有的体貌特征可决定名源动词最终的体貌特征。这就导致汉语名源动词的体貌特征与源名词的语义特征无关。

相比之下，英语名源动词的生成不受句法制约，而是遵循形态规则"N→V"。在形态机制中，既无虚介词 P 阻断源名词"有界性"语义特征的渗透，也无轻动词来规定名源动词的最终体貌特征。名源动词的语义生成并不遵循任何结构框架，而是依据一定的语用机制（Clark & Clark 1979）。源名词的"有界性"特征出现在名源动词的体貌特征中，也就不足为怪了。

综上所述，汉英名源动词在数量、类型和体貌特征三个方面的不对称都可以归因于虚介词 P、轻动词以及"动词补语并移"的参数变异。这三项参数变异导致的结果是，汉语名源动词的在句法框架内生成，而英语名源动词在句法框架外生成。前者受制于句法，所以数量有限，类型有限，体貌特征与源名词无关联；后者独立于句法制约，所以数量多，类型无限，体貌特征基于源名词的有界性。

第四节　小结

零形素不仅在汉语名源动词的生成分析中起着重要作用，而且在对汉英名源动词差异的解释中起着关键作用。轻动词和虚介词在英汉语际的参数变化直接导致作为汉语名源动词生成的主要句法操作"动词补语并移"在英语句法中的不适用，因而使英语名源动词的生成摆脱了句法原则的制约。这一结论能够合理有效地解释汉英名源动词在数量、语义类型和体貌特征三个方面的不对称现象。

零形素不管作为一个理论概念、分析工具还是作为一种语言实体，在上述解释中扮演着不可或缺的角色。在下面两章，我们转向另一汉语句法现象——增元结构。我们会看到，零形素在汉语增元结构现象中同样扮演着重要角色，零形素在汉英两种语言之间的不同属性同样导致了增元结构在汉语两种语言之间的差异。

第七章 零形素与增元结构研究[①]

零形素在汉语句法中起重要作用的另一个实例是增元结构。零形素在汉语中是活跃的构句成分，导致了汉语中的各类增元结构；零形素在英语中不是积极的构句成分，导致了类似增元结构在英语中的缺失。第七章和第八章通过对汉语增元结构句法生成的分析来支持汉语句法层面的意合现象的本质是零形素参与了句子生成这一观点。

在分析汉语增元结构的句法生成之前，我们先综述国内外增元结构研究的现状，发现研究中尚需解决的问题，为以后的研究提供借鉴。

第一节 增元结构

增元结构（applicative construction）是自然语言中一种普遍存在的句法结构。applicative 一词作为一个语言学术语最早出现在 17 世纪，当时北美传教士使用的 Uto-Aztecan 语（一种北美西部的印第安语言）的语法书中用 verbos applicativos 一词来指一种表示动词指向另一人的动词形式：动词带有一个特定的语素，该语素允准一个本来不属于该动词论元结构的论元（间接或非核心论元）（Carochi 1645/1983：63）。现代语言学中，对增元结构的关注和讨论始于关系语法（Relational Grammar）研究，如 Chung（1976）、Gary & Keenan（1977）、Aissen（1983）、Dryer（1983）、Perlmut-

---

① 本章主要内容已发表在《当代语言学》["增元结构变异现象研究综述"，2013（1）：73 - 82]。

ter & Postal（1983）、Gerdts（1988，1992）等。applicative，applied 等术语的正式使用始于 Baker（1988）和 Marantz（1993：119），他们在研究非洲的班图语（Bantu）（如 Chichewa、Kinyarwanda 等）时使用这些术语来指一种特殊的动词曲折形式，该形式能使动词增加一个额外的"受影响"的论元，也叫新增论元或新增宾语（applicative argument/object），如（1）—（2）所示。Marantz（1993）和 Baker（1997）也把 applicative 一词沿用到其他语言中类似的但动词不带显性增元标记（applicative marker）的结构，如（3）中的英语双宾结构。

（1）N-ä-ĭ-lyì-à　　k-élyá［Chaga］

FOC-1SUB-Pre-eat-FV food①

"He/She is eating food."

（2）a. N-ä-ĭ-lyì-*í*-à　　*m-kà* k-élyá［Chaga］

FOC-1SUB-Pre-eat-APP-FV **wife** food

"He is eating food for his **wife**."

b. N-ä-ĭ-zrìc-*í*-à　　**mbùyà**　［Chaga］

FOC-1SUB-Pre-run-APP-FV **friend**

"He is running for a **friend**."（Bresnan & Moshi 1990：149）

（3）a. I sent *Mary* a letter.

b. I read *Mary* a letter.

根据"语言结构世界分布图（WALS）"，增元结构主要分布在三大地区，即非洲班图语（Bantu）地区、美洲土著语地区（North and Meso-America）和西太平洋南岛语（Austronesian）地区，中国大陆各语言中不存在增元结构，但台湾南部的土著排湾语（Paiwan，属南岛语）中存在增元结构。该分布图的绘制倚重词汇形态，存在增元结构的语言往往动词形态比较丰富而名词缺乏格标记。广大亚欧地区的绝大部分语言没有增元结构，主要是因为这些语言中的名词形态丰富；而本地区个别名词形态贫乏的语言恰好有增元结构，如高加索地区的阿布哈兹语（Abkhaz）和阿巴兹

---

① FOC = focus, 3SG = third person singular, PRES = present tense, APPL = applicative morpheme, FV = final vowel.

语（Abaza）（Polinsky 2008）。

在 Peterson（2007）抽样调查的 100 种语言中，汉语同样被列为没有增元结构的语言（non-applicative language），其根据是汉语在句法关系的形态标记、增元结构的语义特征、关系从句的结构特征、变价结构（va-lency-affecting construction）的有无、空间关系的表达手段等方面的综合量化评分明显低于典型的具有增元结构的语言。（详见 Peterson 2007：245 - 256）

此外，国内一些学者如何晓炜（2010）和马志刚（2010a，b）认为，把汉语双宾结构当成增元结构来分析具有很大的局限性。因此倾向于认为，汉语中没有增元结构，或者说增元结构分析法不适合汉语句法。

在自然语言的形态学分类中（Crystal 1997：295），上述公认的有增元结构的语言属黏着语（Agglutinative language），动词上黏附着若干不同形素，各自表达不同的语法意义，其中包括增元形素。汉语属典型的离散语（isolating language），动词是孤立的，形态变化贫乏；同时，汉语名词也没有丰富的形态结构。根据"语言结构世界分布图"的判定标准，从动词形态看，汉语不该有增元结构；但从名词形态看，汉语似乎可以有增元结构，就像阿布哈兹语和阿巴兹语一样。同时，我们发现，Peterson（2007）在判定汉语是否属增元语言时，其量化评分并不完全符合汉语事实，其所依赖的唯一文献来源——Li & Thompson（1981）对汉语相关现象的描述并不一定详尽准确。还有，何晓炜（2010）和马志刚（2010a，b）的讨论主要着眼于汉语的双宾结构，没能将汉语中更多包含非核心论元的结构现象纳入视野，且他们对双宾结构的分析也有值得商榷之处。因此，汉语是否拥有增元结构依然是一个开放的问题。

增元结构涉及形态、语义、句法、语用等语言层面，呈现出跨语言和语言内的种种变异，情况错综复杂。自 Chung（1976）以来的 30 多年中，语言学者对增元结构进行了广泛而深入的研究，提出了多种理论。这些研究根据其所属的语言理论流派大致可归于四类：1）"关系语法"研究（Relational Grammar）（Chung 1976）；2）"词汇功能语法"研究（Lexical Functional Grammar）（Bresnan & Moshi 1990）；3）"句法学"研究（Baker 1988，Marantz 1993，Ura 1996，Pylkkänen 2002，Anagnostopoulou 2003，

McGinnis 2001，Jeong 2006）；4）"语篇功能"研究（Peterson 2007）。目前看来，增元结构的研究产生了大量的文献，成果丰硕，但仍有一些研究难题尚待解决。

本章旨在综述国内外增元结构研究的现状，发现研究中尚需解决的问题，为以后的研究提供借鉴。我们首先简述增元结构跨语言或语言内的主要共时变异现象，然后简介学界围绕这些变异现象所提出的各种理论；最后指出增元结构研究中尚需进一步探讨的问题，特别是增元结构分析方法是否适用于汉语的问题，并且为增元结构将来的研究提出建议。

第二节　增元结构的主要变异现象

增元结构的共时变异主要表现在四个方面：新增宾语的语义角色、增元结构的必要性/选择性、固有宾语与新增宾语的属性差异、增元动词所受的语义限制 [见 Peterson（2007：40 – 68）]。

一　新增宾语的语义角色

在增元结构中，新增宾语最常见的语义角色是接受者（RECIPIENT）或受惠者/受害者（BENEFICIARY/MALEFICIARY），分别如（3a）、（2）和（4）。此外，它也可能担任工具 [INSTRUMENTAL，如（5）]、目标 [GOAL，如（6）]、地点 [LOCATION，如（7）]、来源 [SOURCE，如（8）] 等除施事（AGENT）和受事（THEME）以外的语义角色。

(4) rul = ni?　　　Ka-? in-? a?　　? a-ka-lu? -**hno**? [Hakha Lai]

snake = ERG1-POSS-house = LOC　　3SG SUB-1SG OBJ-enter-MAL

"A snake came into my house on me." （Peterson 2007：41）

(5) Mavutoa-na-umb-***ir***-a　　***mpeni*** mtsuko [Chichewa]

Mavuto SP-PST-mold-APP-ASP **knife** waterpot

"Mavuto molded the waterpot with a knife." （Baker 1988：230）

(6) M-chawi a-li-***wa***-tup-***ia***ma-pande ma-kubwa [Swahili]

1-wizard 1-PST-them-throw-APP block big

"The wizard hurled great blocks at them." （Marantz 1993：127）

（7）***poro cise e*-**horari〔Ainu〕

　　　big house APPL-live

　　　"He lives in a big house." （Peterson 2007：1）

（8）Bvut-***ir*-a *mw-an* banga〔Chisona〕

　　　PR-snatch-APP-FV**1-child** knife

　　　"Snatch the knife from **the child**." （Mabugu 2000）

有些语言中，如 Mohawk 和 Mutsun（两种北美印第安语言），新增宾语的语义角色仅限于一种，最常见的是接受者或受惠者/受害者；而有些语言中，如班图语，新增宾语的语义角色除了接受者或受惠者/受害者，还有其他多种。

动词形态中的增元标记或语素（applicative marker/morpheme）与新增宾语具有呼应关系（agreement）。有些语言中，如 Hakha Lai（一种藏缅语），不同语义角色的新增宾语对应于不同的增元语素；而有些语言中，如 Chaga（一种班图语），不同语义角色的新增宾语却对应于同一增元语素。

二　增元结构的必要性/选择性

不管是在不同语言中还是在同一语言中，有些增元结构有介词短语结构与之对应，所以是选择性的，如（9）所示的印尼语中的受惠者增元结构；但有些增元结构没有与之对应的介词短语结构，所以是必要的，如（10）所示的 Tzotzil（一种玛雅语）中的接受者增元结构。

（9）a. saya mem-bawa-**kan** Ali surat itu

　　　　I over-bring-BEN APPL Ali letter the

　　　　"I brought Ali the letter."

　　 b. saya mem-bawa surat itu **kepada** Ali

　　　　I over-bring letter the to Ali

　　　　"I brought the letter to Ali." （Chung 1976：41）

（10）a. mi muš-a-čon-**b**-on　　　　　l-a-čitome

　　　　QUE not ASP-E2-sell-APP-A1 the-your pig

　　　　"Won't you sell me your pigs?"

b. * mi mu š-a-čon-Ø　　? a-čitome **ta** vo? on

QUE not ASP-E2-sell-A3 your pig to I

"Won't you sell your pigs to me?" (Aissen 1983：280, 287)

三　固有宾语与新增宾语的属性差异

增元结构中，增元动词的固有宾语和新增宾语的句法属性因语言而异，或因增元结构本身的类型而异。新增宾语会在一定程度上获得固有宾语的一些句法属性，而固有宾语因此会在一定程度上丧失这些句法属性。

例如，班图语 Chichewa 中的接受者/受惠者增元结构中，新增宾语可以作被动句的主语，可以被代词取代并出现在动词形态中，如（11）所示。这两项属性是该语言中动词宾语的常规属性，可在接受者/受惠者增元结构中，动词的固有宾语不再具有这两项属性。

（11）a. atsikana a-na-gul-ir-idwa　　mphatso (*passivization*)

2.girls 2.SUB-PST-buy-APP-PASS 9.gift

"The girls were bought a gift."

b. chitsiru chi-na-wa-gul-ira　　mphatso (atsikana) (*pronominal object marking*)

7.fool 7SUB-PST- 9.OBJ-buy-APP 9.gift

"The fool bought them (the girls) a gift." (Alsina & Mchombo 1993：22 – 23)

但是，在关系化结构中，动词的固有宾语可以成为关系化的对象，而新增宾语却不能，请比较：

（12）a. anyani　a-na-phik-ir-a　　mbuzi　chitumbuwa

2.baboons 2.SUB-PST-cook-APP-FV 10.goats 7.pancake

"The baboons cooked the goats a cake."

b. ichi　ndi　chitumbuwa　chi-mene　anyani　a-na-phik-ir-a　mbuzi

7.this be 7.pancake 7.SUB-REL 2.baboons 2.SUB-PST-cook-APP-FV 10.goats

"This is the pancake that the baboons cooked for the goats."

c. ＊izi　　ndi mbuzi　zi-mene　anyani　a-na-phik-ir-a　chi-tumbuwa

10.these　be　10.goats　10.SUB-REL　2.baboons　2.SUB-PST-cook-APP-FV 7.pancake

"These are the goats that the baboons cooked the pancake for. "

（Mchombo & Firmino 1999：222 – 223）

在对增元结构的研究中，固有宾语与新增宾语在句法属性上的差异一直是学界关注和争论的焦点。

四　增元动词所受的语义限制

增元结构的构成与其中动词的语义属性有一定关系。有些语言中，单及物（monotransitive）动词不能出现在增元结构中，如 Chichewa（Baker 1988）；有些语言中，双及物（ditransitive）动词不能出现在增元结构中，如 Sesotho（一种班图语）（Machobane 1989）；此外，在 Sesotho 语中，非作格（unergative）的单及物动词能够出现在增元结构中，而非宾格（unaccusative）的单及物动词不能够出现在增元结构中，如（13）所示：

（13）a. banana　ba-Ø-el-a　　　nkhono　　　selibeng

girls　　AGR-go-APP-FV grandmother well-LOC

"The girls are going to the well for my grandmother. "　（Machobane 1989：25）

b. ＊lintja li-hol-el-a　　　nkhono

dogs AGR-grow-APP-FV grandmother

"The dogs are growing up for my mother. "　（Machobane 1989：59）

总之，增元结构在跨语言和语言内的共时变异丰富多彩，增元结构既是一个充满困难和挑战的研究领域，同时也是一个对语言学者而言极具吸引力的研究课题。

第三节　增元结构变异的多维度研究

增元结构涉及形态、语义、句法、语用等语言层面，呈现出跨语言和语言内的种种变异，情况错综复杂。从 Chung（1976）开始的 30 多年中，研究者从多个角度对增元结构进行了广泛而深入的讨论，这些研究主要围绕增元结构的各种变异现象展开，包括：1）"关系语法"研究（Chung 1976）；2）"词汇功能语法"研究（Bresnan & Moshi 1990）；3）"句法学"研究（Baker 1988，Marantz 1993，Ura 1996，Pylkkänen 2002，Anagnostopoulou 2003，McGinnis 2001，Jeong 2006）；4）"语篇功能"研究（Peterson 2007）。

一 "关系语法"研究

关系语法将语法关系看成是构造句子的基本要素，语法关系包括主语、直接宾语、间接宾语、地点成分、受惠成分等等。其中，前三者属正式成分（term），其他的属非正式成分（non-term）；正式成分和非正式成分具有不同的句法属性。Chung（1976）认为，利用一条"与格"规则（Dative），可以将原本的一个非正式成分（如受惠成分）转化成一个正式成分（如直接宾语）。根据"关系消除法则"[Relational Annihilation Law，Perlmutter & Postal（1983）]，当一个名词短语获得了另一名词短语的属性时，后者就不再表达它原本表达的语法关系。这样，应用"与格"规则就可生成增元结构，应用"关系消除法则"导致动词的固有宾语丧失其原有的句法属性。

但是，Gary & Keenan（1977）指出，一些班图语（如 Kinyawanda）中，增元宾语和固有宾语具有对称的句法属性，也就是说，原本的直接宾语并没有因为增元宾语的出现而丧失其本来的句法属性。为此，Gerdts（1988，1992）修正了关系语法框架内对增元结构的标准分析，认为特定语言中增元结构的属性取决于该语言有多少个"形态句法论元位置"（morphosyntactic argument position，以下简称 MAP）。Chichewa 一类的语言只有两个 MAP，一个属于主语，另一个属于宾语，因此出现增元宾语后，原直接宾语必然要放弃它原有的属性；Kinyawanda 一类的语言有多个 MAP，增元宾语出现后并不排挤原直接宾语，两者可同时拥有直接宾语的属性。

整体来看，"关系语法"论主要针对增元结构中动词固有宾语和新增宾语的属性变异，通过规则应用来阐释增元结构的属性。但正如 Baker

（1988）和 Bresnan & Moshi（1990）指出的那样，"关系语法"论中的规则往往因增元结构的类型而异，其分析框架缺乏普遍适用性。

二　"词汇功能语法"研究

"词汇功能语法"旨在搭建词汇属性和句法功能之间的联系，以求解释各类语法关系或现象。其中的"词汇映射理论"（Lexical Mapping Theory）试图将动词论元结构中担任特定论旨角色的成分与特定的句法功能联系起来。Bresnan & Moshi（1990）从此角度出发，认为增元结构源于对论元结构的形态词汇操作，在增元形态标记的作用下，一个新的宾语论元被引入原论元结构，由此产生增元结构。

根据"词汇映射理论"，担任不同论旨角色的各论元构成等级结构，依次排列：AGENT > BENEFICIARY > GOAL > INSTRUMENT > PATIENT/THEME > LOCATIVE；各句法功能取决于两项特征的不同组合：限制性（±restricted，即是否与某一论旨角色相关）和宾语性（±objective，即是否可作动词宾语），如（14）：

（14）［-restricted，-objective］→Subject

　　　［-restricted，+objective］→Unrestricted object

　　　［+restricted，-objective］→Oblique object

　　　［+restricted，+objective］→Restricted object

各论旨角色具有内在的句法功能特征，即限制性和宾语性两项二分特征的固有取值。一个论元在语句中担任何种句法功能，取决于其论旨角色、相应的等级排序和内在的句法功能特征。论旨角色、等级排序与句法功能特征之间存在复杂的互动关系，增元结构及其共时变异由此产生。

三　"句法学"研究

在句法学理论框架内，研究者试图从句子的微观结构来解释增元结构的各种共时变异。

Baker（1988）认为，自然语言中的增元结构在句法表现上可分为两类：对称性增元结构和非对称性增元结构。前者例如班图语 Kinyawanda，

后者例如班图语 Chichewa。对称性增元结构中，原直接宾语和新增论元都
具有宾语的属性，原动词既可以是及物的也可以是不及物的，在被动化时
原直接宾语和新增论元都可上移至主语位置；非对称增元结构中，只有新
增论元具有宾语的属性，原动词只能是及物动词，在被动化时只有新增论
元可上移至主语位置。Baker 提出"并入"（incorporation）论来解释对称
性和非对称性增元结构之间的差异。基础生成时，对称性和非对称性增元
结构都如（15a）所示。介词 P 并入动词 V，构成复合动词 V + P，其后接
两个宾语，形成增元结构，如（15b）所示：

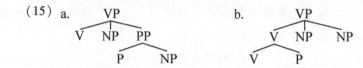

（15）a.   b.

两类增元结构中，增元标记具有不同的格指派能力。对称性增元结构中
的增元标记指派结构格而不是固有格，非对称性增元结构中的增元标记只能
指派固有格而不能指派结构格。因此，在对称性增元结构中，介词 P 并入动
词 V 而构成复合动词 V + P 能指派两个结构格，原直接宾语和新增论元都具
有宾语的属性；而在非对称性增元结构中，介词 P 并入动词 V 而构成复合动
词 V + P 只能指派一个结构格，只有新增论元优先获得宾语的属性。

Marantz（1993）提出"复合谓词"论，认为增元结构是一种复合谓词
结构，在动词投射 VP 之上有一层增元语素的投射 ApplP，如（16）所示。
在对称性增元结构中，动词 V 上移，附加于 ApplP 的中心语，Theme 论元
保持其宾语属性；在非对称性增元结构中，动词直接并入（incorporate）
ApplP 的中心语，导致 Theme 论元丧失其宾语属性。Marantz 以此来解释两
类增元结构之间的句法差异。

（16）
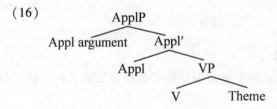

Ura（1996）提出"宾语转移"（Object Shift）论来解释两类增元结
构在被动化时的不同句法表现。Ura 指出，直接宾语能否在被动化时上

移至主语位置，取决于间接宾语是否先行转移以便给直接宾语的上移让出通道。如果对称性增元结构中直接宾语在被动化时能够上移至主语位置，那么该语言中一定存在宾语转移现象，Ura 为此在挪威语和瑞典语中找到了证据。

Anagnostopoulou（2003）采用了 Marantz（1993）对增元结构的分析，认为有些语言，如 Kinyarwanda，允许直接宾语 Theme 通过 Spec-ApplP 上移到主语位置，参与被动化，如（17）所示；而有些语言则不允许。因此，他提出"增元短语指示语参数"：新增论元和直接宾语皆可上移至主语位置的语言允许直接宾语移向增元短语指示语位置，直接宾语不可上移至主语位置的语言不允许直接宾语移向增元短语指示语位置。

（17）

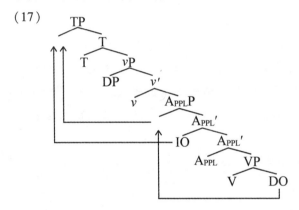

Pylkkänen（2002）从词汇语义的角度考察增元结构，发现新增论元与动词原宾语之间的关系并不唯一，有些新增论元与 VP 所表达的事件有关，有些新增论元则与 VP 内的动词原宾语之间存在关系。由此，她划分了高位增元结构（High Applicatives）和低位增元结构（Low Applicatives），如（18）所示：

（18）a. 高位增元结构

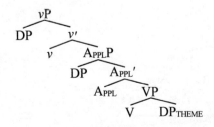

b. 低位增元结构

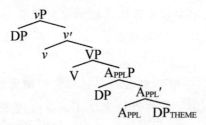

在高位增元结构中，增元短语（ApplP）的中心语联系新增论元和 VP 所表达的事件，新增论元和 VP 内的 Theme 论元之间不存在直接关系；在低位增元结构中增元短语的中心语联系新增论元和动词的 Theme 论元，新增论元和 VP 所表达的事件之间不存在直接关系。这种基于语义分析的分类与上述基于句法分析的分类大致对应。

McGinnis（2001）结合 Chomsky 的"语段论"和 Pylkkänen 关于高位与低位增元结构的理论，认为高位增元结构是一个语段，其 EPP 特征可以吸引直接宾语上移，而低位增元结构不构成语段，其内部的直接宾语无法移出，如（19）所示，这就可以解释两类增元结构在句法表现上的一些对立。

（19）a. 高位增元结构

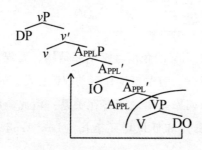

b. 低位增元结构

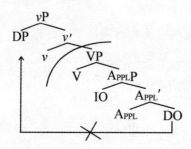

Jeong（2006）指出，McGinnis（2001）的"语段"分析法不能很好地解释高位/低位增元结构与对称性/非对称性增元结构不完全对应的现象，如有些 Haya 语的低位增元结构中直接宾语和间接宾语均可成为被动句的主语，具有对称性特点；有些 Kinyarwanda 语的高位增元结构中直接宾语不可成为被动句的主语，具有非对称性特点。Jeong（2006）没有利用 Chomsky 的"语段"论，而是运用"反局域性"（Anti-locality）、"格"（Case）、"语类"（Category）、"成分爬升"（Scrambling）等理论和手段对上述及其他一些变异现象作出了比较合理的分析和解释。但 Jeong（2006）的理论综合有余，简洁不足，有悖语言的"可学性"（Learnability），即儿童在习得增元结构时需关注的因素太多。

四 "语篇功能"研究

上述研究都是共时性的，主要关注增元结构的形态、语义和句法，却很少涉及增元结构的语篇功能、历时成因以及增元结构与其他结构的共现关系，Peterson（2007）的研究正好填补了这三个方面的空白。

在增元结构的语篇功能方面，通过分析藏缅语 Hakha Lai 和中非语 Wolof 的叙述性语篇，Peterson（2007）得出结论：增元结构中的新增论元（即间接宾语）的主题性（topicality）明显高于固有论元（即直接宾语）和间接论元（即介词宾语），主题性的高低则通过指称距离（referential distance）、主题持续（topic persistence）、生命性（animacy）、代指性（pronominal/non-pronominal）、特指性（specific/non-specific）、长度（long/short）、活跃性（activity）等参数来测定。因此，增元结构的选择可能与新增论元较高的主题性有关。

关于增元结构的历时演化，Peterson（2007：124-125）认为，增元标记是动词或介词语法化的结果，其功能要么是给动词增价，使不及物动词变成及物动词或使单及物动词变成双及物动词，要么是标指语篇主题的延续。增元标记可能进一步演化成主题化或从属成分的标记，甚至更进一步演变成名词化标记，如（20）所示：

（20）增元结构的历时演化

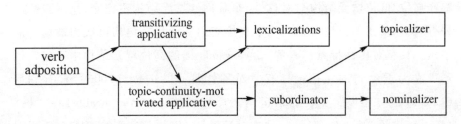

在同一语言中，增元结构与其他结构特征之间应该存在一定的共现或互补关系。为此，Peterson（2007）抽样考察了全球100种语言（其中包括50种有增元结构的语言和50种没有增元结构的语言），他发现：增元结构的有无与该语言中动词和名词的形态变化是否丰富无关；增元结构的有无与该语言的词序无关；大多数有增元结构的语言不属于宾格语言（nomi-native-accusative language），而属于作格语言（absolutive-ergative language）；受惠类（benefactive）和情由类（circumstantial）增元结构总是与被动结构共现，而其他类型的增元结构则较少与被动结构共现；增元结构的有无与该语言是否存在关系化结构无关；增元结构与致使结构具有明显共现关系；不同类型的增元结构之间存在蕴含关系，地点类（locative）和情由类增元结构的存在以其他类型增元结构的存在为其前提，而受惠类/受损类（malefactive）和工具（instrumental）/伴随类（comitative）增元结构则可独立存在；等等。

综上所述，学界研究增元结构变异现象时，涉及的语言多，采取的角度多，提出的理论观点多。这充分说明了这一研究课题的复杂性和困难性，同时也体现了这一问题的语言学研究价值。

第四节　问题与评论

纵观增元结构研究文献中的各种理论和研究方法，仍有一些基础性的问题和前沿性的问题等待学界进一步探讨。基础性的问题主要有两个：一是如何界定增元结构，一是如何认识论元结构。前沿性的问题也主要有两个：一是如何把增元结构纳入"语段论"的解释框架，一是如何认识和分析汉语中的"准增元结构"。

一 增元结构的界定

从最初进入语言研究者的视野至今，增元结构这一术语的外延呈不断扩大的趋势。外延的扩大源于内涵的松动，即增元结构界定标准的多元化。在增元结构研究的初期，即"关系语法"（Chung 1976）和"词汇功能语法"（Bresnan & Moshi 1990）研究阶段，研究者恪守一条形态标准，即动词带有一个与新增论元相关联的语素。在"句法学"研究阶段，Marantz（1993）、Baker（1997）等突破了形态标准，把其他语言中类似的但动词不带显性增元标记的结构［如（3）中的英语双宾结构］也当成了增元结构，他们依照一条句法标准，即在动词固有论元结构之外出现的新增论元具有动词固有论元的某些句法特征和表现。再后来，语义因素也被引入对增元结构的分析，如 Pylkkänen（2002）根据新增论元与动词短语所表达的事件或动词固有论元的所指之间的语义关联来区别不同类型的增元结构，她所依照的是一条语义标准，即新增论元与动词短语或其内部成分之间特定的语义关系。增元结构的语内和语际变异纷繁复杂，可能的原因之一是研究者的界定标准不一，不同研究者纳入研究范围的所谓"增元结构"并不同质。可以设想，如果能对增元结构设立一条严格统一的界定标准，其语内或语际的变异可能会变得简单。

二 增元结构与论元结构

作为句法理论概念的增元结构建立在"论元结构"这一理论概念之上。论元结构表达的是动词最基本的且具有句法相关性的语义结构，它规定着动词对论元数量和类型的要求。论元结构是通过论旨角色（thematic role）这一形式来表示的，即动词给属于其论元结构的论元指派论旨角色。论旨角色的指派要遵循"论旨准则"：每个论元扮演一个且仅一个论旨角色，一个论旨角色指派给一个且仅一个论元（Chomsky 1981：36）。问题是同一动词的论元结构是否是固有的、稳定的和唯一的？动词论元结构的固有性、稳定性和唯一性是否存在跨语言的差异？如果说论元结构是自然语言动词的普遍特征，且具有固有性、稳定性和唯一性，那么作为句法理论概念的增元结构不仅适用动词带有增元形素的语言，而且适用动词不带有增元形素的语言，如英语和汉语。如果说论元结构不是动词的固有词库特征而是句法推导的派生物，同一动词的论元结构具有可变性和多样性，并且动词论元结构的固有性、稳定性和唯一性呈跨语言变异，那么增元结构就不具有句法理论意义，将其当成一种句法分析工具也是不合理的和无效的。因此，造成增元结构研究困境的原因与其说是增元结构本身的表现纷繁复杂，不如说是学界对论元结构的认识还未达成一致。

三　增元结构与"语段论"

自 Baker（1988）首次将增元结构作为句法学研究的论题以来，研究者们在句法理论演进的不同阶段都尝试拿最新的句法理论来解释增元结构。在"语段论"（Chomsky 2000，2008）问世后，出现了一个新的研究焦点，即增元结构的投射 ApplP 是不是一个语段。McGinnis（2001）等认为，高位增元结构就是一个语段，Anagnostopoulou（2003）、Pylkkänen（2002）、Jeong（2006）等则认为，ApplP 不构成一个语段，只是语段 vP 下属的一个轻动词投射而已。如果"语段论"具有跨语言的普适性，那么论证 ApplP 是或不是一个语段就是一个重要的课题。不管 ApplP 是不是一个语段，研究如何将其纳入"语段论"所提供的句法分析框架也是一项很有意义的工作。ApplP 中心语和指示语的合并、所带特征、特征赋值、移位方式、表层词序等相关问题都有待进一步的研究。

四　汉语中的"准增元结构"

汉语增元结构的研究起步较晚，主要研究文献产生于过去几年。从论元结构理论和动词—论元的语义关系来看，汉语中有一些句式符合增元结构的传统定义；从词汇形态看，由于汉语缺乏显性形态标记，很难认定这些句式就是增元结构；在句法表现上，与其他语言相比，这些句式既有共性，也有个性。因此，汉语增元结构的研究主要围绕三个问题展开：1）汉语是否有增元结构；2）如果有，哪些句式属于增元结构；3）汉语增元结构的句法位置如何。

（一）增元结构分析法对汉语的适应性

在汉语语句中，有不少名词性成分与句子谓词没有必然联系，不属于动词固有论元结构，也缺少显性的引入成分，这类间接或非核心论元的句法地位和入句问题一直是汉语研究的焦点。有些研究者从论元结构理论、动词—论元的语义关系和增元结构的传统定义出发，认为这些包含间接或非核心论元的句式可以纳入增元结构范畴，如蔡维天（2005，2009）、Tsai（2007，2008，2009）、Mai（2007）、钟叡逸（2007）、程杰、温宾利（2008）、程杰（2009）、Georgala et al.（2008）、Paul & Whitman（2010）和 Creissels（2010）。但汉语缺少显性的形态标记，而增元结构理论的提出源于对北美印第安语和东非班图语等形态丰富语言的研究，所以有研究者质疑它对汉语研究的适应性或者从别的角度讨论汉语的类似结构，如胡建华（2007，2008，2010）、何晓炜（2010）、马志刚（2010）等。

（二）汉语增元结构的类型

目前已有的研究文献中，下列句式被纳入增元结构范畴：

（21）给字句（蔡维天 2009；Tsai 2008，2009；钟叡逸 2007）

    a. 张三居然给我跑了。

    b. 张三给李四洗了衣服。

（22）非典型双宾句（蔡维天 2005；Tsai 2007，2008；程杰、温宾利 2008；程杰 2010）

    a. 张三吃了李四三个苹果。

    b. 张三修了李家三扇门。

（23）领主属宾句（蔡维天 2009；Tsai 2007，2008；程杰、温宾利 2008；程杰 2010）

    张三死了父亲。

（24）不及物动词后跟宾语句（程杰 2009，2010）

    张三飞上海了。

（25）双宾句（程杰、温宾利 2008；Georgala et. al. 2008；Paul & Whitman 2010；Creissels 2010）

    张三送了李四一本书。

（26）役格句（程杰 2010）

    a. 小红使大伙笑了。

    b. 一只蛐蛐发了两户人家。

此外，一些汉语方言中也有类似（21）中普通话"给字句"的增元结构，如闽南语中的"Ka字句"和客家话中的"T'ung字句"［分别见Mai（2007）和钟叡逸（2007）］。

（三）汉语增元结构的句法位置

关于汉语增元结构的句法位置，文献中出现了不同的观点。程杰、温宾利（2008）根据Pylkkänen（2002）区分和鉴别高位/低位增元结构的标准，认为（22）—（26）所列各类汉语增元结构均属高位增元结构，投射ApplP处在VP与vP之间。蔡维天（2005，2009）、Tsai（2007，2008，2009）和钟叡逸（2007）通过分析副词状语、副词性"自己"、轻动词等句法成分的可能结构位置及其差异，认为汉语增元结构内部差异较大，可分为四类，其投射分别处在不同结构位置。（21a）类的"给字句"中，由显性的增元标记"给"投射的ApplP处在TP与CP之间；（21b）类的"给字句"中，由显性的增元标记"给"投射的ApplP处在vP与TP之间；（22a）类的"取得义"非典型双宾句和（23）类的领主属宾句中，由隐性的增元语素APPL投射的ApplP处在VP与vP之间；（22b）类的"受惠义"非典型双宾句中，由隐性的增元语素APPL投射的ApplP处在VP之下。

总而言之，汉语增元结构的研究时间短，产出的研究文献少，采取的研究角度单一，提出的理论观点也不太一致。

第五节　小结

增元结构一直是语言理论发展的试验田，尤其是推动共时句法研究的有效工具，成为重要句法理论的试金石（Peterson 2008：2）。过去三十多年的研究不断深入，拓展了人们对增元结构的认识，也有效推动了语言学理论的发展。但增元结构的变异现象纷乱复杂，进行全面系统研究的难度很大，研究成果中众说纷纭，莫衷一是，源于个别语言研究的理论往往不能符合其他语言的事实，适用于个别结构的分析方法往往难以推及其他结构。

增元结构研究尚存一些不足，主要包括：1）维度单一，即研究特定语言的特定现象时较少从形态、语义、句法、语用等层面综合分析，现有的研究主要集中在句法层面；2）论题孤立，即孤立地看待当下的研究对象，而不能将它与相关语言现象联系起来考察，现有研究着眼最多的是双宾结构；3）跨语言比较不充分，即选取的语言类型不丰富，现有研究涉及的语言主要是有语料文献的语言，因为获取第一手的陌生语言语料的确有困难；4）历时研究很少，即对增元结构历时演变的研究很不充分，而这种研究往往对于认识特定语言中增元结构及其与其他共时结构的关系是至关重要的。

为此，我们期待增元结构研究在下列方面有所突破：1）对特定语言增元结构的系统研究和增元结构与相关共时结构的关系研究；2）对特定语言增元结构的多维度研究和相关形态、语义、句法和语用因素的关系研究；3）增元结构的语言类型学研究；4）增元结构的历时成因研究；5）汉语增元结构的多维度、系统性研究。

第八章　零形素与汉语增元结构的句法生成

　　本章探讨汉语增元结构的句法生成问题以及类似句法结构在英语中缺失的根本原因。汉语中的增元形素 APPL 为零形素，它的参与是汉语表层结构各异的不同增元结构的句法生成的关键；英语中没有一个零形素扮演增元形素的角色，导致了类似结构在英语中的缺失。

　　语言学中的"柏拉图问题"，即儿童为什么能在短期内成功有效地习得母语，一直是各路语言学理论关注和讨论的焦点。能够回答语言的可学性问题（learnability problem）也就成了语言学理论构建的一条根本原则，普遍语法理论在此原则指引下致力于发现不同自然语言之间的共性和变异参数。在对单一语言的研究中，透过纷繁复杂的表面现象，探寻不同表层句式背后的共同机制及其变异的原因，也同样具有重要的意义，本章就是在这方面做出的尝试。

　　自然语句中的论元可分为两类：一是核心论元（core argument），即扮演施事（AGENT）或受事（PATIENT/THEME）论旨角色的论元；一是非核心论元（non-core argument），即扮演施事和受事以外的其他论旨角色（如 GOAL，BENEFACTIVE，RECIPIENT，SOURCE，LOCATION，INSTRU-MENT 等）的论元。一个非核心论元也可以进入动词的论元结构，这样的论元称作新增论元（applied argument），相关的句法结构称作增元结构（applicative construction），如（1）中的班图语和英语句子所示（Dixon & Aikhenvald 2000；Pylkkänen 2008）。增元结构所包含的基本句法关系如（2a）所示，APPL 形素［如（1a）中的 í 和（1b）中的零形素 Ø］在 VP 之上投射增元短语 ApplP，在 ApplP 指示语位置允准一个论元，APPL 成分使新增论元和 VP 所表达的事件之间建立起语义关系，如（2b）所示。①

(1)　a. N-a″-i″-lyì-í-à **m-kà** k-élyá

　　　　FOC-3SG-PRES-eat-APPL-FV wife food

　　　　"He is eating food for his wife. "

　　b. I baked *him* a cake.

(2)　a. $[_{vP}$ DP $[_{v'} v$ $[_{ApplP}$ DP $[_{APPL'}$ APPL $[_{VP}$ DP $[_{V'}$ V $]]]]]]$

　　b. λx. λe. APPL（e, x）（APPL = BENEFICIARY, INSTRUMENT, LOCATION, SOURCE）

　　我们以（2a）作为增元结构的原型，它所标示的各句法成分之间的结构关系具有跨语言的有效性［参见 Anagnostopoulou（2003）、McGinnis（2001）、Jeong（2006）等］，可以看成是常项；而句法成分中的动词 V 和增元形素 APPL 具有语言内或语言间的变异性，可以看成是变项。那么，这些变项在汉语中的表现如何？能否根据这些变项的取值以及（2a）中的增元结构原型推演出汉语中可能存在的增元结构句式呢？我们以增元结构原型（2a）为基础，通过对动词 V 的类型变项和增元形素 APPL 的形态变项的取值，然后遵循生成语法"语段论"（Chomsky 1995，2000，2008）中的标准句法操作，可以比较整齐地推演出汉语中可能的增元结构句式。推演的结果正好得到（3）所代表的五类汉语常见句式的印证。这五类句式在文献中分别称作双宾句［参见陆俭明（2005）等］、不及物动词带宾语的句子［参见郭继懋（1999）等］、主谓谓语句［参见汪洪澜（1995）、黎昌友（2004）等］、领主属宾句［参见王奇（2006）等］和役格句［参见何元建、王玲玲（2002）等］。而与之相仿的英语句子除第五类外都不合语法，如（4）所示。在汉语句法研究中，对于（3）所例证的五类汉语句式，学者们一般只注意到了它们之间的差异，且冠以不同的名称，采用不同的分析模式。我们认为，双宾句、不及物动词带宾语的句子、主谓谓语

① 　我们采用 Chomsky 提出的核心功能语类 *v* 取代了 Pylkkänen（2008）采用的 Kratzer 提出的功能语类 Voice；同时，我们采用 Larson（1988）、Hale & Keyser（1993）、Bowers（1993）等人关于动词的内论元在 Spec-VP 位置基础生成的观点，修改了 Pylkkänen（2008）采用的在 VP-Comp 位置基础生成动词的内论元的结构。这种修正并不影响 Pylkkänen（2008）关于 APPL 结构的根本观点。此外，Pylkkänen（2008）区分了高位增元结构（high applicative）和低位增元结构（low applicative），我们仅讨论（2a）所示的高位增元结构。

句、领主属宾句和役格句五类句式，尽管表面上存在差异，其实质都是增元结构，即一个表达完整事件或命题结构的动词投射 VP 与一个非核心论元（用下划线标示）发生关系，该论元通过一个 APPL 形素与 VP 建立句法上的联系，成为 VP 中心语的新增论元。

(3) a. 我吃了<u>小王</u>三个苹果。

　　b. 张三昨晚睡<u>地板</u>了。

　　c. <u>王冕</u>父亲死了。

　　d. <u>王冕</u>死了父亲。

　　e. <u>李四</u>开了窗子。

(4) a. * I ate John three apples.

　　b. * John slept the floor last night.

　　c. * John father died.

　　d. * John died father.

　　e. John opened the window.

本章主要包括三部分：第一部分根据增元结构的句法原型、动词类型理论、轻动词理论以及生成语法"语段论"中的标准句法操作推演出汉语中可能存在的四种增元结构的抽象句式；第二部分逐个讨论由理论推演得出的四种抽象句式在汉语中的具体表现；第三部分用语义轻动词的英汉差异来解释 (3) — (4) 所反映的英汉句法对立。

第一节　基于理论推演的四种增元结构抽象句式

增元结构原型 (2a) 具有跨语言的普遍性，我们以此为基础，通过对其中两个变项（即动词 V 和增元形素 APPL）的取值来推演汉语中可能存在的增元结构句式。

关于增元形素 APPL，一般认为，汉语作为一种离散语的形态属性决定了它缺乏显性的增元形素，这一点与动词形态丰富的黏着语不同［如 (1a)］，但与同为离散语的英语是一样的［如 (1b)］；同时，汉语句法中活跃着一些轻动词，即零形素的谓词性句法成分，它们可以担任与显性成分一样的句法功能［参见 Huang（1997）、Lin（2001）、温宾利、程杰

（2007）等］，因此汉语中的增元形素 APPL 应该是个轻动词。我们给增元
结构原型（2a）中 APPL 形素取值为零形素 ［$\emptyset_{\text{APPL}}$］。

　　关于动词 V，学界一般划分出四种类型，不同类型的动词有不同的论
元结构，动词论元结构的差异既表现在论元的数量上，也表现在论元被指
派的论旨角色上，如（5）所示（Perlmutter 1978；Burzio 1986；Li 1990；
Wunderlich 1997，2006a，b；黄正德 1989，2006，2007）：

　　（5）动词类型[①]

及物性	动词类型	外论元	内论元
不及物动词	通格动词（uneragtive）	AGENT	*
	作格动词（unaccusative）	*	THEME
及动物词	宾格动词（agentive）	AGENT	PATIENT
	役格动词（causative）	CAUSER	THEME

　　汉语动词系统主要有三类基本动词构成：具有［＋活动］特征的通
格动词和宾格动词以及具有［＋状态］特征的作格动词，而役格动词是
基于作格动词的派生动词类型（参见 Lin 2004）。我们给增元结构原型
（2a）中动词 V 分别取值为［宾格动词］、［通格动词］和［作格动词］，
它们投射的树形结构如（6）所示（Hale & Keyser 1993；Bowers 1993，
2001，2002；Baker 1996；Wunderlich 1997a，2006a，b；程杰、温宾利
2008）：

　　（6）a.宾格动词　　　　　　b.通格动词　　　　　　c.作格动词

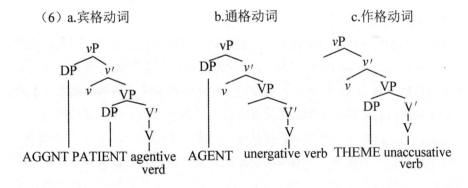

---

　　①　表格中对动词类型的汉语译名与上述作者有所不同，采用这套术语仅仅是为了表述上的
整齐，并不反映四种动词类型的内涵变化。

　　有了对增元形素 APPL 的形态变项和动词 V 的类型变项的取值，我们就可以遵循生成语法"语段论"（Chomsky 1995，2000，2008）中的标准句法操作来推演出汉语中可能的增元结构句式。

　　成分合并根据三类动词的投射结构（6）和增元结构的原型（2a），动词、动词固有论元、增元形素 APPL 以及新增论元通过逐步"合并"操作构成如（7）所示的结构关系。为行文方便，我们称与三类动词相应的三类增元结构分别为宾动增元结构、通动增元结构和作动增元结构。

　　（7）a. 宾动增元结构　　b. 通动增元结构　　c. 作动增元结构

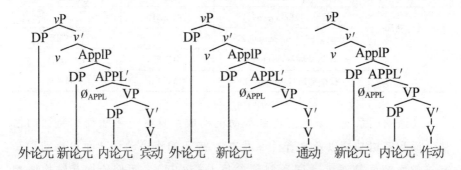

　　动词移位的动因包括格赋值、论旨角色指派和与词缀性中心语结合的形态要求。格赋值和论旨角色指派要建立在"指示语—中心语"结构关系之上（Chomsky 1995：172 – 175；Epstein 1999：340 – 342；Lasnik et al 2005：148）；动词与词缀性中心语结合属于选择性的"文体操作"（stylistic operations），即句法构件在完成狭义句法（narrow syntax）内的操作后，通过 LF 和 PF 接口进入语义解释和语音拼读，语义解释和语音拼读的特定需要（如形态完整、音韵规则、信息结构、语篇连贯等）又会引起句法结构的变化（Chomsky1995：324 – 6；2000：144）。就格赋值而言，由及物动词投射的 vP 为强语段［如（7a）］，V 从 v 继承赋宾格值的能力，给内论元赋宾格；通格不及物动词没有内论元［如（7b）］，不存在给内论元赋格的问题；由作格不及物动词投射的 vP 为弱语段［如（7c）］，V 不能从 v 继承赋宾格值的能力，不能给内论元赋宾格，内论元可以获得固有格。因此，三类结构中的动词均无须为格赋值而移位。在论旨角色指派方面，宾格动词和通格动词有外论元，需要动词指派论旨角色，动词需移位到 vP 中心语位置与 vP 指示语位置的外论元构成"指示语—中心语"结构关系；

而作格动词没有外论元，因此无须为指派论旨角色而移位。关于动词与词缀性中心语的结合，宾格动词和通格动词移位时，"顺路"完成了与词缀性中心语 $\emptyset_{APPL}$ 的结合；作格动词可以不移位，因为相对于作为强制性句法操作的格赋值和论旨角色指派，与词缀性中心语 $\emptyset_{APPL}$ 的结合是一种非强制性的形态操作，但它也可以进行与宾格动词和通格动词一样的移位以满足"文体操作"要求。

　　论元移位 TP 中心语具有 EPP 特征，需要某个论元移位到其指示语位置，以构成"指示语—中心语"结构关系进行 EPP 特征的赋值。根据"最小语链条件"（Minimal Link Condition）（Chomsky 1995：311），EPP 特征会吸引离它最近的论元移位。因此，在宾动增元结构和通动增元结构，外论元会优先于新论元移位到 TP 指示语位置，而在作动增元结构，新论元会优先于内论元移位到 TP 指示语位置。

　　经过成分合并、动词移位和论元移位，与三类动词相关的各种句法共性和差异不断叠加，最后形成四种不同的表层句式，如（8）所示：

（8）a. 宾动增元结构：$[_{TP}$外论元$[_{T'}$T$[_{vP}$t$[_{v'}$宾动-$\emptyset_{APPL}$-$v$$[_{ApplP}$新论元$[_{APPL'}t[_{VP}$内论元$[_{v'}t]]]]]]]]$

b. 通动增元结构：$[_{TP}$外论元$[_{T'}$T$[_{vP}$t$[_{v'}$通动-$\emptyset_{APPL}$-$v$$[_{ApplP}$新论元$[_{APPL'}t[_{VP}[_{v'}t]]]]]]]]$

c_1. 作动增元结构：$[_{TP}$新论元$[_{T'}$T$[_{vP}$t$[_{v'}$v$[_{ApplP}$t$[_{APPL'}\emptyset_{APPL}$$[_{VP}$内论元$[_{v'}$作动$]]]]]]]]$

c_2. 作动增元结构：$[_{TP}$新论元$[_{T'}$T$[_{vP}$t$[_{v'}$作动-$\emptyset_{APPL}$-$v$$[_{ApplP}t[_{APPL'}t[_{VP}$内论元$[_{v'}t]]]]]]]]$

第二节　汉语四种增元结构的表层句式

　　（8）中由理论推演得出的四种增元结构抽象句式在汉语中分别得到了（9）［同（3）］所代表的四类句式的印证。汉语研究者在分析（9）所例证的五类汉语句式时，往往只注重它们的个性，采用一句式一模式的分析方法［参见陆俭明（2005）、郭继懋（1999）、汪洪澜（1995）、黎昌友（2004）、王奇（2006）、何元建、王玲玲（2002）等］，却没有充分注意到五种句式之间的共性并给予它们统一的句法分析。我们认为，双宾句、不及物动词带宾语的句子、主谓谓语句、领主属宾句和役格句四类结构，尽管表面上存在差异，其实质都是增元结构，即一个表达完整事件或命题结构的动词投射 VP 与一个非核心论元发生关系，该论元通过 APPL 形素与 VP 建立句法上的联系，成为 VP 中心语的新增论元；由于动词句法属性的差异，结果生成了五类具有表层差异的句式。下面，我们一一讨论这五种汉语增元结构句式。

（9）a. 我吃了小王三个苹果。（＝宾动增元结构）

b. 张三昨晚睡地板了。（＝通动增元结构）

c. 王冕父亲死了。（＝作动增元结构）

d. 王冕死了父亲。（＝作动增元结构）

e. 李四开了窗子。（＝作动增元结构）

一 宾动增元结构：双宾结构

汉语双宾结构中的动词一般是宾格动词，由一个 APPL 形素引入一个非核心论元，生成增元结构。从语义上看，汉语双宾结构表示一个宾格动词投射的 VP 所表达的事件"牵涉"到新增论元的所指，使其"获益"或"受损"。双宾句与（8a）所示的宾动增元结构相符。

（一）双及物动词的语义属性

传统上，汉语中可进入双宾句的动词被称作双及物动词，单列一类，表达"致使拥有"之义［参见何晓炜（2008）的讨论］。双及物动词数量不少，但绝大多数不能明确地表达领属关系的转移。除了表达"给予"义的双及物动词，如"给""送""赠"等，还有很多表达非"给予"义的双及物动词，陆俭明（2005）把这类动词分为六类，如（10）所示：

（10）a. 我吃了小王三个苹果。［＝（3a）/（9a）］

b. 林校长表扬了一班五个人。

c. 老李修了王家三扇门。

d. 张三打了她两个碗。

e. 他买了农民四只鸡。

　　　　f. 教务主任<u>抽查</u>了三班五份试卷。

　　尽管（10）中各动词的两个宾语之间存在领属关系，但整个句子并不一定表达领属关系的转移。（10e）类动词直接表达领属关系的转移，（10a）和（10d）两动词经过引申可表达领属关系的转移，（10b）、（10c）和（10f）三类动词不表达领属关系的转移。而且，表达领属关系的转移与不表达领属关系的转移之间的界限很难绝对化。如（11）所示，其中的动词可以表示施事获得了受事，但并不表示与事（DATIVE）（即间接宾语的所指，如"他""国家""王教授"或"北大"）因此失去了受事。所以，不能绝对地说关于受事的领属关系发生了转移还是没有发生转移①。

　　（11）a. <u>采用</u>了他五个建议

　　　　　b. <u>承担</u>了国家五个项目

　　　　　c. <u>出版</u>了王教授五本书

　　　　　d. <u>挑选</u>了北大十个学生

　　其实，（10）—（11）所列的所谓双及物动词都是普通的宾格动词，其固有的论元结构只包含两个论元：一个施事论元，一个受事论元，如（12）所示：

　　（12）a. 我<u>吃</u>了三个苹果。

　　　　　b. 林校长<u>表扬</u>了五个人。

　　　　　c. 老李<u>修</u>了三扇门。

　　　　　d. 张三<u>打</u>了两个碗。

　　　　　e. 他<u>买</u>了四只鸡。

　　　　　f. 教务主任<u>抽查</u>了五份试卷。

　　　　　g. 他们<u>采用</u>了五个建议。

　　　　　h. 他<u>承担</u>了五个项目。

　　　　　i. 外研社<u>出版</u>了五本书。

　　　　　j. 用人单位<u>挑选</u>了十个学生。

---

　　① 陆俭明（2005）将（11）中的四个动词和（9e）中的"买"列为一类，认为这类动词表达的行为动作使施事和与事均有所得。详见程杰、温宾利（2008）的讨论。

因此，我们认为汉语并不存在专门的双及物动词，双及物动词以及双宾结构仅是一种派生的现象；其实质是，一个普通的宾格动词所投射的 VP 与一个非核心论元发生关系，进而生成增元结构，在增元结构中才出现了所谓的双及物动词以及相应的双宾结构。

（二）双宾结构的句法推导

根据上面的讨论，以（9a）为例，双宾结构的句法推导大致是这样的：宾格动词"吃"与受事"三个苹果"合并，形成 VP；VP 与 APPL 形素合并，形成 APPL′，再与由 APPL 形素允准的新增论元"小王"合并，形成 ApplP；ApplP 与核心功能语类 v 合并，再与施事"我"合并，形成 vP。动词"吃"通过中心语移位先移到 ApplP 中心语位置，最后移到 vP 中心语位置。Paul & Whitman（2010）也持类似观点。（9a）的整个推导过程如（13）所示：[①]

（13）a. 我<u>吃</u>了小王三个苹果。(= （3a）／（9a））

b.

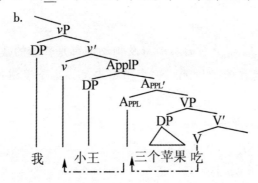

二　通动增元结构：不及物动词带宾语的句子

汉语的不及物动词后常常跟有名词性成分（以下简称 IVO 结构）（郭继懋 1999），传统上把这些名词性成分都归入动词宾语（孟琮 et al. 1999：8 - 12），如（14）：

---

① 树形图（13b）及文中以下树形图中的各句法成分的初始合并位置及相应的句法操作主要遵循 Chomsky（2008）和 Radford（2006）的理论框架。同时，我们根据 Larson（1988）、Hale & Keyser（1993）和 Wunderlich（1997, 2002）等人关于论元/论旨角色等级结构（Argument/Thematic Hierarchy）的思想，在 Spec-VP 位置合并内论元。此外，树形图中略去了与本节主题不太相关的细节。

（14）a. 飞<u>上海</u>

　　　b. 起<u>半夜</u>

　　　c. 逃<u>荒</u>

　　　d. 考<u>研究生</u>

　　　e. 闯<u>红灯</u>

　　　f. 醒<u>酒</u>

　　　g. 睡<u>地板</u>

　　类似动词短语中的动词一般为通格动词。如（5）—（6）所示，通格动词的固有论元结构中只有一个施事论元，没有受事论元。因此，（14）中不及物动词后的名词短语只能是非核心论元，并不是严格意义上的动词宾语［详见程杰、温宾利（2008）的讨论］。从语义上看，这类动词投射的 VP 所表达的事件涉及一个非核心论元的所指。从句法上看，IVO 结构符合（8b）所示的通动增元结构。

　　根据上述讨论，以（9b）为例，IVO 结构的句法推导大致是这样的：通格动词"睡"投射 VP；VP 与 APPL 形素合并，形成 APPL′，再与由 AP-PL 形素允准的新增论元"地板"合并，形成 ApplP；ApplP 与核心功能语类 v 合并，再与施事"张三"合并，形成 vP。动词"睡"通过中心语移位，先移到 ApplP 中心语位置，最后移到 vP 中心语位置，形成表层词序。（9b）的整个推导过程如（15）所示：

（15）a. 张三昨晚睡地板了。［ =（3b）／（9b）］

　　　b.

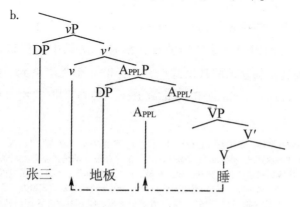

三 作动增元结构：主谓谓语句

主谓谓语句中的动词一般为作格动词，如（5）—（6）所示，作格动词的固有论元结构中只有一个受事论元，没有施事论元。主谓谓语句符合（$8c_1$）所示的作动增元结构。

（一）主谓谓语句的语义特点

主谓谓语句在语义上有两个明显的特点：一是大小主语之间是领属关系，即小主语的所指隶属于大主语的所指，大主语和小主语之间有领属关系；一是整个句子往往表达大主语的所指"经受"主谓短语表达之事或主谓短语表达之事"涉及"大主语的所指，大主语作为主谓短语说明或描述的对象，而主谓短语则对大主语的所指进行说明或描述，表示大主语的所指所经受或被涉及之事、具有的特点或所处的状态，如（16）所示（寿永明、朱绍秦 2002；程杰 2014）：

（16）a. 这些战士眼睛熬红了。

　　　b. 山里人胆子本来就小。

　　　c. 这个工厂规模不大。

　　　d. 你的古画价值连城啊！

（二）主谓谓语句的句法特点

主谓谓语句在句法上主要有两个特点。首先，在一个主谓谓语句中，主谓短语中的动词只能是作格动词。根据程杰（2014）对主谓谓语句的观察和界定，主谓短语中的动词一般为不及物动词，表示状态或变化；主谓短语中的小主语担任的论旨角色是 THEME（受事），即表示一个经历某种状态、变化或移动的对象。这两项特征正好符合文献中对作格动词的规定，即作格动词和及物动词的被动式一样，允准一个受事论元，但不能指派宾格（Burzio 1986；Levin & Rappaport Hovav 1995）。① 其次，作格动词

---

① 汉语作格动词有多种。黄正德（1989）、Li（1990）等把表示"存在""出现""消失"等意义的"存现"动词当成汉语的作格动词；Ben（2001）在"存现"动词的基础上增加了三类作格动词：（i）表示外因所致的状态变化，如伤、锁、撕破、气死、吃坏等；（ii）表示内因所致的状态变化，如丢、死掉、生气、逃走等；（iii）派生的作格动词，包括动词的被动式和失去了"施为"意义转而表达"状态"意义的宾格动词（如放、贴、挂、吊、写、印、刻、绣等）。我们认为，汉语中的形容词性动词（郭锐 2001）也属作格动词，因为这类动词可以只涉及一个 THEME 论元，表示人或事物内在的或自发的状态、性质、特征等，如"张三很诚实""李四胖了"和"王五身材高一米八"。

的论元结构中只有一个受事论元，大主语显然并不属于该论元结构。因此，主谓谓语句中的大主语只能看成是主谓短语中动词的非核心论元。

（三）主谓谓语句的句法生成

主谓谓语句属增元结构，其中的动词为作格动词，投射 VP，在 Spec-VP 位置允准受事论元，即小主语。APPL 成分投射 ApplP，选择 VP 作补语，在 Spec-ApplP 位置允准一个非核心论元，该论元上移至 Spec-TP，成为大主语。我们以（9c）为例来说明主谓谓语句的句法推导。如（17）所示，动词"死"是作格动词，在 Spec-VP 位置允准内论元"父亲"，它投射的 VP 被 APPL 成分选择作补语，APPL 成分投射 ApplP 并允准一个新增论元"王冕"；"王冕"经过 Spec-vP 位置移位至 Spec-TP 位置。动词"死"无须经过 APPL 位置移到 v 位置，因为作为作格动词，它已经与它唯一的论元"父亲"构成了"指示语—中心语"结构关系，并给它指派 THEME 论旨角色。

（17）a. 王冕父亲死了。（ =（3c（／（9c）））)

　　　 b.

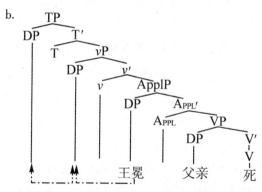

四　作动增元结构：领主属宾句和役格句

汉语领主属宾句和役格句与（8c$_2$）所示的作动增元结构相符。

（一）领主属宾句

上述主谓谓语句的推导中，动词不移位。还有一种情况，即（17b）中的作格动词"死"进行中心语移位，最终生成"领主属宾句"，如（18）所示。这时，作格动词"死"的移位属"文体操作"。尽管作格动词"死"的移位与否会造成表层词序的不同，但（17a）和（18a）所表达的基本语义是相同的。

（18）a. 王冕死了父亲。［＝（3d）／（9d）］

b.
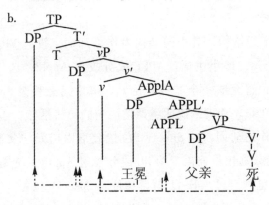

（二）役格句

役格句是指主语为致事（CAUSER）、谓语动词为役格动词的句子，表示致事引发某种结果。何元建、王玲玲（2002）指出，汉语有两种表达"致事引发某种结果"的句式：一是使动句，这种句式包含两个动词，第一个为使役动词"使""叫""让""令"等，第二个为任何类型的动词，如（19）所示；一是役格句，这种句式不含使役动词，其谓词一般是有使动用法的作格动词，如（20）所示①。两种句式统称为使役句。

（19）a. 小红使大伙笑了。（第二个动词为通格动词）

b. 这事今天令大家激动。（第二个动词为作格动词）

c. 老王叫保姆洗衣服。（第二个动词为宾格动词）

d. 张三让李四开了窗子。（第二个动词为役格动词）

（20）a. 一只蛐蛐发了两户人家。（《小说家》，1993.4）

b. 罗维民的发现激动了两个人。（《北京晚报》，1999.3.28）

c. 他们停产了两条生产线。（大连电视台新闻，1993.10.28）

从语义上看，役格句表示致事论元的所指引发由作格动词投射的 VP 所表达的事件；从句法上看，役格句可以看成是一个非核心论元通过 APPL 形素与一个由作格动词投射的 VP 建立句法联系，再经过进一步的句法

---

① "役格"是相对宾格而言的，一般及物动词（即宾格动词）的宾语带宾格，而有使动用法的动词（即役格动词）的宾语则带有役格（何元建、王玲玲 2002：2）。

操作而生成的。我们以（9d）为例来说明役格句的句法推导。如（21）所示，动词"开"是作格动词，即只有内论元而没有外论元；"开"在 Spec-VP 位置允准内论元"窗子"，它投射的 VP 被 APPL 形素选择作补语，APPL 成分投射 ApplP 并允准一个新增论元"李四"；"李四"经过 Spec-vP 位置移位至 Spec-TP 位置；动词"开"需经过 APPL 位置移到 v 位置。

（21）a. 李四开了窗子。(= （3e）／（9e）)

　　　b.
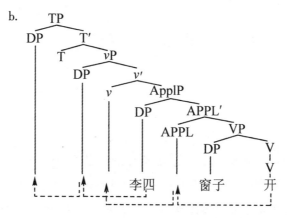

　　这里有两个问题需要说明：一是为什么役格句中的动词只能是作格动词，一是为什么作格动词"开"必须移位，而不能像（17b）中的作格动词"死"一样留在原位。首先，只有作格动词没有外论元，Spec-vP 位置才空着，使得 Spec-ApplP 位置的新增论元能够经过它上移到 Spec-TP 位置，成为句子主语，最终生成役格句，这一点与主谓谓语句和领主属宾句的情况相似。关于第二个问题，与主谓谓语句的情况不同，作格动词"开"的移位是必需的；与领主属宾句的情况不同，作格动词"开"的移位不可能是为了符合常规的信息结构或实现特定的语篇功能；与主谓谓语句和领主属宾句的情况都不同，役格句中 APPL 语素表达"致使"之义。我们认为，APPL 成分没有语音形式，但它表达的"致使"之义比较具体和强势，因此希望获得语音形式，故引起有形动词"开"的移位。毕竟在自然语言中，语义内容越饱和的词项越要求有语音实现形式①。从这个意义讲，作格动词"开"的移位也是一种"文体操作"（Chomsky 1995：324 - 6；

----

① 参见温宾利、程杰（2007）对轻动词（light verb）的语音实现问题的讨论。

2000：144）。

此外，我们也注意到了领主属宾句的特殊性。从语义看，领主属宾句和主谓谓语句一致；但从句法结构看，领主属宾句和役格句一致，似乎支持了增元结构和役格结构（causative construction）具有同构性（isomorphism）的观点（参见 Dixon & Aikhenvald 2000；Hale & Keyser 2002：130 – 145；Peterson 2007：64 – 66）。

第三节　语义轻动词 APPL

语义轻动词是指语句中表达宽泛模糊的语义内容但没有语音实现形式的动词性成分。增元结构中的 APPL 成分就是一种语义轻动词。运用语义轻动词，我们把（9）中的四类句式统一分析成了增元结构①。

近年来学界对语义轻动词的关注越来越多［温宾利、程杰（2007）］，语义轻动词被广泛应用在句法分析中。Hale & Keyser（1993，1997，1999）把语义轻动词用于英语中几类派生动词的句法推导。Huang（1997）和 Lin（2001）将语义轻动词用于分析语句所表达的事态结构，认为语义轻动词属于事态谓词（eventuality predicate，如 HOLD，DO，BECOME，CAUSE 等）。程杰（2007：26）提出"'经受义'轻动词假设"：$V_{UNDERGO}$是语义/词汇性轻动词，选择 TP 作补语时，允准一个主格"经受者"（UNDERGO-ER）论元；选择 VP 作补语时，允准一个与格"经受者"论元。根据该假设，（22a）所例证的被动句和（22b）所例证主谓谓语句具有大体相同的句法结构，如（23）；（22c）所例证的双宾句也具有类似的句法结构，如（24）。

（22）a. 张三被李四打掉了两颗门牙。

　　　 b. 张三两颗门牙被李四打掉了。

　　　 c. 李四打掉了张三两颗门牙。

（23）a. ［$_{TP}$张三$_j$［$_{vP}$ t$_j$ 被$_i$［$_{VP}$ t$_i$［$_{TP}$李四打掉了两颗门牙］］］］

---

① 关于语义轻动词与句法最简方案中的 light verb v 的区别，详见温宾利、程杰（2007）的讨论。

b. $[_{TP}$ 张三$_j$ $[_{vP}$ t_j $V_{UNDERGOi}$ $[_{VP}$ t_i $[_{TP}$ 两颗门牙被李四打掉了$]]]]$

(24) $[_{TP}$ DP $[_{vP}$ 李四 v $[_{VP2}$ 张三 $[_{V2}$ $V_{UNDERGO}]$ $[_{VP1}$ 两颗门牙 $[_v$ 打掉了$]$

(23) 中, 语义轻动词 $V_{UNDERGO}$ 和表达"经受"义的动词"被"相对应, 两者都选择表达完整事件的 TP 作补语, 同时允准一个"经受者"论元; (24) 中, 语义轻动词 $V_{UNDERGO}$ 选择表达事件的 VP 作补语, 同时允准一个"经受者"论元。这样, "'经受义'轻动词假设"给被字句、主谓谓语句和双宾句三类句子赋予统一的句法和语义结构, 具有较强的解释力。

从对 (22b) —— (22c) 的分析中可以看出, 语义轻动词 $V_{UNDERGO}$ 的功能在于引入一个非核心论元, 使之与 TP 或 VP 表达的事件发生联系, 这正好符合对增元结构中 APPL 形素的定义。因此, (22b) 及 (9c) 所例证主谓谓语句和 (22c) 及 (9a) 所例证的双宾句就可以被分析成增元结构, 其中的 APPL 形素表达"经受"之义。(9b) 所例证的不及物动词带宾语的句子被分析成增元结构后, 其中的 APPL 形素表达"涉及"之义。(9d) 所例证的役格句被分析成高位增元结构后, 其中的 APPL 形素表达"致使"之义。我们对"经受""涉及"和"致使"三种语义关系再作进一步抽象, 认为五类句式中的 APPL 形素是一个表达"关系"之义的轻动词, 记作 $APPL_{RELATE}$; 换言之, 在增元结构中, 新增论元的所指与 VP 所表达事件之间存在必然的联系, 如 (25) 所示:

(25)

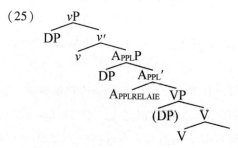

(4) 所反映的相关英汉句法差异也能够得到解释。根据 Lin (2001), 语义轻动词呈现参数变异: 在汉语中, 语义轻动词在句法中起作用, 而在英语中, 语义轻动词在词库里起作用。因此, 英语缺少生成与 (3) 相对应的句子的必要条件——语义轻动词。与汉语句子 (3a) —— (3d) 相对应的英语句子（4a）—（4d）不合语法，就不难理解了。但（4e）是个合格的句子，似乎对我们的观点构成反例，其实不然。由于语义轻动词在英语中只在词库里起作用，（4e）中的 open 完全可以看成是在词库里由语义轻动词 APPL$_{CAUSE}$ 和作格动词 open 结合而构成的，作为一个普通的宾格动词被从词库中提取出来用于造句。这样一来，（4e）根本就不包含增元结构，只是一个普通的宾格句而已，也就不会成为我们观点的反例了。

第四节　小结与余论

我们用演绎的方法运用增元结构理论和动词类型理论分析了汉语的五类常见句式：双宾句、不及物动词带宾语的句子、主谓谓语句、领主属宾句和役格句。我们发现，这五种句式具有统一的句法和语义结构：在句法上，它们都属于增元结构；在语义上，它们都表达动词投射 VP 所表达的事件与一个非核心论元的所指发生关系。此外，五类句式的表层差异源于它们所包含动词的类型差异：双宾句包含一个宾格动词，不及物动词带宾语的句子包含一个通格动词，主谓谓语句、领主属宾句和役格句都包含一个作格动词。同时，我们也从侧面支持了汉语只有三种基本动词类型（即通格动词、作格动词和宾格动词）的观点，所谓的役格动词实际上是一种派生的类型，是句法推导过程中作格动词和语义轻动词 APPL$_{CAUSE}$ 合并的结果。

增元结构和动词类型之间的关联在其他语言中也有所反映。有些语言中，增元结构不能建立在不及物动词之上，如 Tzotzil（Aissen 1983）和 Chichewa（Baker 1988）；有些语言中，增元结构可以建立在不及物动词之上，如 Hahka Lai（Peterson 2007）。有些语言中，增元结构只能建立在通格不及物动词之上，而不能建立在作格不及物动词之上，如 Sesotho（Machobane 1989）。有些语言中，增元形素对动词类型具有选择性，如 Halkomelem（Gerdts 2004）中，增元结构既能建立在通格不及物动词之上，也能建立在作格不及物动词之上，但增元形素却有差异，如允准新增"方向"论元的增元语素-nəs 只能附着在通格不及物动词之上。鉴于增元结构和动词类型之间的密切关联，从动词类型特征的角度来分析增元结构可能是一条有效的途径。

　　本研究遵循异中求同的原则，试图透过纷繁复杂的表面现象，探寻汉语不同句法结构背后的共同机制及其变异的原因。我们相信，在对单一语言的研究中，探求句法结构共性的努力同样有助于解答自然语言的可学性问题。

　　更重要的是，各类增元结构在汉语中普遍存在，却在英语中缺失，其原因可归结为语义轻动词 APPL 这一零形素在汉英两种语言中所扮演的不同角色；汉语语义轻动词在构句过程中起作用，而英语语义轻动词在构词过程中起作用。句法层面的"汉语重意合、英语重形合"与零形素有关的观点，在对汉英增元结构方面差异的分析中同样得到了佐证。

结束语

　　"汉语重意合，英语重形合"是学界公认的汉英两种语言之间的重大差异之一。对这一问题的传统研究至少存在三个方面的不足：大多为宏观描写，缺乏微观分析，特别是句法和形态层面的分析；脱离具体理论框架，缺乏理论构建；从语言外寻求"意合—形合"的理据，却忽视了语言系统本身的选择机制。本研究尝试从当代句法学的角度考察汉语的"意合"现象，运用"零形素句法"理论阐释汉语的"意合"特征，在普遍语法理论的"原则—参数"框架内解释了汉英语言的"意合—形合"差异。

　　传统观点认为，汉英语言的"意合—形合"差异源于中西在传统哲学、思维方式和传统文化方面的差异。汉语的"意合"特征源于中国"天人合一"的传统哲学思想、整体性的思维方式和重意轻形的传统文化形式，英语的"形合"特征源于西方的"一多对立"的哲学原子观、逻辑分析型思维方式和"甚谋甚细、历历俱足"的传统文化形式。但是，根据普遍语法理论，语言的演算系统具有跨语言的普遍性，语言变异的根源要追溯到词库，作为语法概念载体和语法过程对象的语言单位才是语言变异的根源所在。所以，汉英语言的"意合—形合"可能与汉英两种语言的词库特性有关。

　　汉英两种语言在"语音—词汇"的接口方面存在较大差异，汉语形素比英语形素受到更多限制，导致汉语词库中的词项要比英语词库贫乏。汉语词库缺少某些词项，其结果是汉语句子中出现一些表达或形式上的空缺，形成汉语的意合特征。尽管汉语句子因词库缺少某些词项而出现表达或形式上的空缺，但并不会影响句子的合法性和交际功能。根据语言研究的"同一性原则"（Uniformity Principle, Chomsky 2001：2），不同语言的句子结构是大致统一的，同一语句的某个结构位置在甲语言中由一个有形成分占据，在乙语言中可能由一个零形式成分占据。我们把这种具有句法功能和/或语义内容但缺乏语音形式的语言成分称作"零形素"（zero morpheme）。"零形素"取代有形形素或显性词语是汉语"意合——形合"特征的本质。

零形素在形态学和词汇语义学中的一个有效的分析工具，运用相当普遍。近年来零形素在句法研究中的运用也渐成气候。一方面，零形素作为一个理论构件在句法现象分析、描写和解释方面具有很强的功用，对句法理论构建和推动句法研究深入发展具有积极意义；另一方面，句法研究中的零形素作为一个语类或词项具有现实的身份，得到了语言内和语言外的实证支持，同时满足理论必要性、概念必要性和经验必要性。我们尝试运用零形素分析汉语句法中的两个具体现象，一是构词层面的名词动用现象，一是构句层面的增元结构现象。

零形素在汉语名源动词的生成中扮演重要角色。我们对汉语名源动词的生成分析基于三个主要理论假设：名源动词在"构词句法"（Lexical - syntax）中生成；语义轻动词 V 和虚介词 P 参与名源动词的生成；名源动词的句法推导运用"动词补语并移"操作。在构词句法中，"动词补语并移"操作将合并在相应结构位置的源名词、虚介词和若干语义轻动词移位到 vP 中心语位置，形成的复合成分，"v-V-P-N"在进入形态和语义解释机制后被分析成单个动词。名源动词的句法推导模式可以解释名源动词的一系列语义属性，如体特征、事态的内在结构以及体转类的路径。在此基础上，我们遵循解释语义学的基本思想，把"生成词库"的语义解释机制用于分析汉语名源动词的语义生成，得出结论：名源动词的语义生成受句法推导中的结构关系和"生成词库"的语义机制的共同作用。这一形式化分析不仅阐明了名源动词语义生成的微观过程，也有助于解释名源动词在语义上的一些特点。零形素不仅在汉语名源动词的生成分析中起着重要作用，而且在对汉英名源动词差异的解释中起着关键的作用。轻动词和虚介词在汉英语际的参数变化，直接导致作为汉语名源动词生成的主要句法操作"动词补语并移"在英语句法中的不适用，因而使英语名源动词的生成摆脱了句法原则的制约。这一结论能够有效合理地解释汉英名源动词之间在数量上、语义类型上和体貌特征上三个方面的不对称现象。零形素不管作为一个理论概念、分析工具还是作为一种语言实体，在上述解释中扮演着不可或缺的角色。

零形素在汉语增元结构现象中同样扮演着重要角色。双宾句、不及物动词带宾语的句子、主谓谓语句、领主属宾句和役格句是汉语中五类常见句式。这五种句式具有统一的句法和语义结构：在句法上，它们都属于增元结构；在语义上，它们都表达动词投射 VP 所表达的事件与一个非核心论元的所指发生关系。五类句式的表层差异源于它们所包含动词的类型差异：双宾句包含一个宾格动词，不及物动词带宾语的句子包含一个通格动词，主谓谓语句、领主属宾句和役格句都包含一个作格动词。这一分析也从侧面支持了汉语只有三种基本动词类型（即通格动词、作格动词和宾格动词）的观点，所谓的役格动词实际上是一种派生的类型，是句法推导过程中作格动词和语义轻动词 $APPL_{CAUSE}$ 合并的结果。与其他语言相比，汉语增元结构往往要借助一个隐性的增元语素（applicative marker）。

本研究在乔姆斯基的普遍语法理论的框架内展开，运用当代句法学的基本原理和研究方法重新审视"汉语重意合、英语重形合"的传统观点，分析了汉语句法层面的"零形素"现象，树立的基本观点包括：1）从普遍语法理论的角度看，"汉语重意合、英语重形合"是个伪命题，任何语言的语句生成都要靠"形"合；2）"零形素"是汉语的有效构句成分，在名源动词和增元结构的句法推导中得到充分体现；3）句法层面的"汉语重意合、英语重形合"现象实际上反映的是"零形素句法"的参数变异：在汉语中"零形素"是句法推导中的有效构句成分，在英语中则不是。

本研究仅着眼句法和形态层面的零形素及其与"意合"现象的关系，且分析难免有疏漏和不当之处，权当抛砖引玉，期盼学界对零形素句法研究给予更多关注。

参考文献

蔡维天：《谈汉语的蒙受结构》，会议发言，高雄师范大学，2005 年。

蔡维天：《内外有别——如何绘制汉语蒙受结构与焦点结构的地貌图》，会议发言，北京语言大学，2009 年。

陈嘉映：《语言哲学》，北京大学出版社 2003 年版。

程杰、温宾利：《对汉语两类非核心论元的 APPL 结构分析》，《四川外语学院学报》2008 年第 2 期。

程杰、温宾利：《动词补语并移：基于自然词序的假设》，《天津外国语学院学报》2008 年第 6 期。

程杰：《虚介词假设与增元结构——论不及物动词后非核心论元的句法属性》，《现代外语》2009 年第 2 期。

程杰：《名源动词生成的句法机制刍议》，《现代外语》2010 年第 2 期。

程杰：《对名源动词语义生成的形式化分析》，《外语与外语教学》2011 年第 6 期。

程杰：《对双主句句法和语义特性的"原则—参数"分析》，《现代外语》2014 年刊期未定。

程雨民：《汉语字基语法》，复旦大学出版社 2003 年版。

邓思颖：《经济原则和汉语没有动词的句子》，《现代外语》2002 年第 1 期。

邓思颖：《汉语被动句句法分析的重新思考》，《当代语言学》2008 年第 4 期。

邓思颖：《汉语复合词的论元结构》，《语言教学与研究》2008 年第 4 期。

丁金国：《汉英对比研究中的理论原则》，《外语教学与研究》1996 年第 3 期。

范开泰：《省略、隐含、暗示》，《语言教学与研究》1990 年第 2 期。

冯胜利：《轻动词移位与古今汉语的动宾关系》，《语言科学》2005 年第 1 期。

封世文、杨亦鸣：《基于功能性磁共振成像的汉语轻动词及其神经机制研究》，《语言文字应用》2011 年第 2 期。

高卫东：《慎言汉语的意合》，《解放军外国语学院学报》2005 年第 6 期。

葛忆翔：《语言的演化与"语法化"》，《扬州大学学报》（人文社会科学版）2008 年第 4 期。

郭继懋：《试谈"飞上海"等不及物动词带宾语现象》，《中国语文》1999 年第 5 期。

郭锐：《汉语形容词的确划界》，《中国语言学报》2001 年第 10 期。

韩巍峰、梅德明：《轻动词结构的主题化分析》，《外语研究》2011 年第 5 期。

何晓炜：《最简方案框架下的英汉双宾语结构生成研究》，《现代外语》2008 年第 1 期。

何晓炜：《论双宾语结构的 APPL 分析法》，《解放军外国语学院学报》2010 年第 2 期。

何星：*A Study of Denominal Verbs in English and Chinese: From the Perspective of Cognitive Linguistics*，上海外国语大学博士论文，2006 年。

何元建、王玲玲：《论汉语使役句》，《汉语学习》2002 年第 4 期。

胡建华：《题元、论元和语法功能项——格标效应与语言差异》，《外语教学与研究》2007 年第 3 期。

胡建华：《现代汉语不及物动词的论元和宾语——从抽象动词"有"到句法—信息结构接口》，《中国语文》2008 年第 5 期。

胡建华：《论元的分布与选择——语法中的显著性和局部性》，《中国语文》2010 年第 1 期。

黄正德：《中文的两种及物动词和两种不及物动词》，《第二届世界华语文教学研讨会论文集》，世界汉语出版社 1989 年版。

黄正德：《题元结构与句法结构·讲稿》，北京大学出版社 2006 年版。

黄正德：《汉语动词的题元结构与其句法表现》，《语言科学》2007 年第 4 期。

洪堡特（Wilhelm von Humboldt）：《论人类语言结构的差异及其对人类精神发展的影响》，胡明扬编：《西方语言学名著选读》，中国人民大学出版社 1988 年版。

洪堡特：《洪堡特语言哲学文集》，姚小平译，湖南教育出版社 2005 年版。

胡曙中：《英汉修辞比较研究》，上海外语教育出版社 1993 年版。

黄正德：《从"他的老师当得好"谈起》，《语言科学》2008 年第 3 期。

井春燕、甘世安：《语言演变性质及因素的诠释》，《武汉工程大学学报》
　　2010 年第 8 期。

黎昌友：《主谓谓语句的界定及其类型》，《语言学习》2004 年第 2 期。

黎锦熙：《新著国语文法》，商务印书馆 1924 年版。

李大勤：《"Vs 前多项 NP 句"及汉语句子的语用构型分析》，语文出版社
　　2003 年版。

李约瑟：《中国科学思想史》，科学出版社 1990 年版。

连淑能：《英汉对比研究》，高等教育出版社 1993 年版。

刘宓庆：《汉英对比与翻译》，江西教育出版社 1992 年版。

刘宓庆：《翻译与语言哲学》，中国对外翻译出版公司 2001 年版。

刘伟、李哲：《VP 壳理论框架下指向宾语的形容词状语研究》，《汉语学
　　习》2011 年第 4 期。

刘英凯：《英语形合传统观照下的汉语意合传统》，《深圳大学学报》（人文
　　社会科学版）1994 年第 4 期。

刘月华、潘文娱、故韡：《实用现代汉语语法》，商务印书馆 2001 年版。

陆俭明：《关于语义指向分析》，《当代中国语言学》1996 年第 1 期。

陆俭明：《再谈"吃了他三个苹果"一类结构的性质》，《中国语文》2005
　　年第 4 期。

罗素：《西方哲学史》（上卷），商务印书馆 1996 年版。

吕叔湘：《语文常谈》，上海三联书店 1964 年版。

马志刚：《Appl 结构、局域非对称成分统制图示与英汉双宾句的句法语义
　　属性　　兼论 Appl 结构分析法及其对分析英汉语双宾结构的适用
　　性》，《北京第二外国语学院学报》2010 年第 2 期。

毛荣贵：《关于形合与意合》，《外语与外语教学》1989 年第 3 期。

梅祖麟（Mei, Tsu - lin）：《四声别义中的时间层次》，《中国语文》1980
　　年第 6 期。

孟琮、郑怀德、孟庆海、蔡文兰：《汉语动词用法词典》，商务印书馆 1999

年版。

潘文国：《汉英语对比纲要》，北京语言大学出版社 1997 年版。

潘文国：《字本位与汉语研究》，华东师范大学出版社 2002 年版。

乔小六：《汉英民族思维方式对英汉句式的影响》，《外语研究》2007 年第
　　1 期。

沈家煊：《从"分析"和"综合"看〈马氏文通〉以来的汉语语法研究》，
　　姚小平编：《〈马氏文通〉与中国语言学史研讨会文集》，外语教学与
　　研究出版社 2003 年版。

沈力：《汉语蒙受句的语义结构》，《中国语文》2009 年第 1 期。

寿永明、朱绍秦：《领属关系主谓谓语句分析》，《浙江大学学报》（人文社
　　会科学版）2002 年第 2 期。

宋志平：《英汉语形合与意合对比研究综观》，《东北师范大学学报》（哲学
　　社会科学版）2003 年第 2 期。

宋作艳：《轻动词、事件与汉语中的宾语强迫》，《中国语文》2011 年第 3 期。

屠爱萍：《现代汉语非名词性空语类》，《现代外语》2013 年第 3 期。

汪国胜、王俊：《从轻动词角度看现代汉语离合词》，《华中师范大学学报》
　　（人文社会科学版）2011 年第 2 期。

汪洪澜：《主谓谓语句研究综述》，《兰州学刊》1995 年第 2 期。

王菊泉：《关于形合与意合问题的几点思考》，《外语教学与研究》2007 年
　　第 6 期。

王力：《中国文法学初探》，《清华大学学报》（自然科学版）1936 年第 1 期。

王力：《中国语法纲要》，开明书局 1946 年版。

王力：《中国语法理论》，中华书局 1954 年版。

王奇：《"领主属宾句"的语义特点与句法结构》，《现代外语》2006 年第 3 期。

王薇：《国内外名词动用研究》，《山东外语教学》2007 年第 6 期。

王冬梅：《现代汉语名动互转的认知研究》，中国社会科学院博士论文，
　　2001 年。

王亚非、王媛：《汉语意合与英语形合的哲学思考》，《北方工业大学学报》
　　2006 年第 4 期。

王扬：《语篇形合与意合及其文化阐释》，《外语研究》2002 年第 3 期。

王寅：《汉英语言宏观结构区别特征》，《外国语》1990 年第 6 期。

温宾利、程杰：《论轻动词 v 的纯句法本质》，《现代外语》2007 年第 2 期。

邢福义：《小句中枢说》，《中国语文》1995 年第 6 期。

邢福义：《汉语小句中枢语法系统论略》，《华中师范大学学报》1998 年第 1 期。

徐赳赳：《现代汉语篇章回指研究》，中国社会科学出版社 2003 年版。

徐烈炯：《空语类研究》，《外国语》1989 年第 4 期。

徐盛桓：《名动转用的语义基础》，《外国语》2001 年第 1 期。

徐盛桓：《名动转用与功能代谢》，《外语与外语研究》2001 年第 8 期。

徐通锵：《语言论——语义型语言的结构原理和研究方法》，东北师范大学出版社 1997 年版。

徐正考、史维国：《语言的经济原则在汉语语法历时发展中的表现》，《语文研究》2008 年第 1 期。

杨大然、周长银：《基于轻动词理论的汉语动结式补语指向研究》，《山东外语教学》2013 年第 5 期。

杨小翠：《汉语的经济性和艺术性》，《清华大学学报》（哲学社会科学版）1997 年第 3 期。

杨元刚：《英汉语法形合意合特征的对比研究——兼论洪堡特的汉语语法观和语言哲学思想》，《湖北大学学报》（哲学社会科学版）2011 年第 1 期。

叶小妹：《汉英语言对比的意合与形合》，《南昌航空工业学院学报》（社会科学版）2003 年第 4 期。

袁晓宁：《谈形合与意合研究中存在的不足》，《东南大学学报》（哲学社会科学版）2011 年第 5 期。

余东：《试论形合与意合的平衡机制》，《广州大学学报》（社会科学版）2010 年第 4 期。

张军平：《语言形合与意合差异动因探微》，《郑州大学学报》（哲学社会科学版）2009 年第 5 期。

张思洁、张柏然：《形合与意合的哲学思维反思》，《中国翻译》2001 年第 4 期。

张天伟:《省略的定义和研究路径:理论与应用》,《外语研究》2011 年第 1 期。

赵元任:《汉语词的概念及其结构和节奏》,清华大学出版社 1975 年版。

钟叡逸:《「同 t'ung」和而不同谈国语和客语蒙受结构》,台湾国立清华大学硕士学位论文,2007 年。

周异助、谭旭伦:《汉语意合与英语形合的哲学透视》,《广西大学学报》(哲学社会科学版) 1994 年第 2 期。

Aissen, J. L. Indirect object advancement in Tzotzil. In D. Perlmuter (ed.). *Studies in Relational Grammar*, Vol. 1. Chicago: University of Chicago Press, 1983.

Alsina, A. & Mchombo, S. 1993. Object asymmetries and the Chichewa applicative construction. In S. Mchombo (ed.). *Theoretical Aspects of Bantu Grammar*. Stanford, Calif.: CSLI.

Anagnostopoulou, E. *The Syntax of Ditransitives*. Berlin: Mouton/de Gruyter, 2003.

Baker, M. *Incorporation: A Theory of Grammatical Function Changing*. Chicago: The University of Chicago Press, 1988.

Baker, M. On the structural positions of themes and goals. In J. Rooryck & L. Zaring (eds.). *Phrase Structure and the Lexicon*. Dordrecht: Kluwer, 1996.

Baker, M. Thematic roles and syntactic structure. In L. Haegeman (ed.). *Elements of grammar: Handbook of Generative Grammar*. Dordrecht: Kluwer Academic Publishers, 1997.

Baker, M. *Lexical Categories: Verbs, Nouns and Adjectives*. Oxford: Oxford University Press, 2003.

Bally, C. Copule zéro et faits connexes [Zero copula and related matters]. *Bulletin de la Société de Linguistique de Paris*, 1922.

Barss, A. & Lasnik, H. A note on anaphora and double objects. *Linguistic Inquiry*, 1986.

Bauer, L. & Valera, S. Conversion or zero-derivation: an introduction. In L. Bauer & S. Valera (eds.). *Approaches to Conversion/Zero-Derivation*. Münster: Waxmann Verlag, 2005.

Baxter, W. H. & L. Sagart. Word formation in Old Chinese. In J. L. Packard (ed.). *New Approaches to Chinese Word-formation: Morphology, Phonology, Lexicon in Modern and Ancient Chinese.* Berlin/New York: Mouton de Gruyter, 1998.

Belletti, A. & Rizzi, L. Psych-verbs and θ-theory. *Natural Language & Linguistic Theory*, 1988.

Ben, T. - W. *Aspects of the Syntax and Semantics of Unaccusativity in Chinese.* M. A. thesis. University of Hong Kong, 2001.

Bierwisch, M. & Schreuder, R. From concepts to lexical items. *Cognition*, 1992.

Bloom, L. & Lahey, M. *Language Development and Language Disorders.* New York: Wiley, 1978.

Boroditsky, L. Does language shape thought?: Mandarin and English speakers' conceptions of time. *Cognitive Psychology*, 2001.

Bowers, J. The syntax of predication. *Linguistic Inquiry*, 1993.

Bowers, J. Predication. In M. Baltin & C. Collins (eds.). *The Handbook of Contemporary Syntactic Theory.* Oxford: Blackwell, 2001.

Bowers, J. Transitivity. *Linguistic Inquiry*, 2002.

Bresnan, J. & Moshi, L. Object asymmetries in comparative Bantu syntax. *Linguistic Inquiry*, 1990.

Burzio, L. *Italian Syntax: A Government-Binding Approach.* Dordrecht: Reidel, 1986.

Carochi, H. *Arte de la lengua mexicana.* Edition facsimilar de la publicada por Juan Ruyz en la ciudad de Mexico. Mexico City: Universidad Nacional Autonoma de Mexico, 1645/1983.

Chan, M. K. M. & Tai, J. H-Y. From nouns to verbs: verbalization in Chinese dialects and East Asian languages. Paper at the 6th North American Conference on Chinese Linguistics. *NACCL*-6 (2). University of South Carolina, 1995.

Chomsky, N. *Aspects of Theory of Syntax.* Cambridge: MA, MIT Press, 1965.

Chomsky, N. Remarks on nominalization. In R. Jacobs & P. Rosenbaum (eds.). *Readings in English Transformational Grammar.* Waltham, Mass. : Blaisdell, 1970.

Chomsky, N. *Studies on Semantics in Generative Grammar*. The Hague: Mouton Publishers, 1972.

Chomsky, N. *Essays on Form and Interpretation*. North-Holland: Elsevier, 1977.

Chomsky, N. *Lectures on Government and Binding: The Pisa Lectures*. Berlin: Mouton de Gruyter, 1981.

Chomsky, N. *Some Concepts and Consequences of the Theory of Government and Binding*. Cambridge, Mass. : MIT Press, 1982.

Chomsky, N. *Knowledge of Language: Its Nature, Origin and Use*. Westport, CT: Greenwood Publishing Group, 1985.

Chomsky, N. *The Minimalist Program*. Cambridge, Mass. : MIT Press, 1995.

Chomsky, N. *New Horizons in the Study of Language and Mind*. Cambridge: Cambridge University Press, 2000a.

Chomsky, N. Minimalist inquiries: the framework. In R. Martin, D. Michaels & J. Uriagereka. (eds.) . *Step by Step: Essays on Minimalist Syntax in Honour of Howard Lasnik*. Cambridge, Mass. : MIT Press, 2000b.

Chomsky, N. Derivation by phase. In M. J. Kenstowicz (ed.) . *Ken Hale: A Life in Language*. Cambridge, Mass. : MIT Press, 2001.

Chomsky, N. Beyond explanatory adequacy. In A. Belletti (ed.) . *Structures and Beyond: The Cartography of Syntactic Structures* (vol. 3) . Oxford: Oxford University Press, 2004.

Chomsky, N. On Phases. In R. Freidin, C. P. Otero & M. L. Zubizaretta (eds.) . *Foundational Issues in Linguistic Theory: Essays in Honor of Jean-Roger Vergnaud*. Cambridge, Mass. : MIT Press, 2008.

Chung, S. An object-creating rule in Bahasa Indonesian. *Linguistic Inquiry*, 1976.

Clark, E. V. & Clark, H. H. When nouns surface as verbs. *Language*, 1979.

Creissels, D. Benefactive applicative periphrases: a typological approach. In F. Zúñiga & S. Kittilä Kittila (eds.) . *Benefactives and Malefactives: Case Studies and Typological Perspectives*. Amsterdam: John Benjamins, 2010.

Davis, H. Deep unaccusativity and zero syntax in St'át'imcets. In A. Mendikoetxea & M. Uribe-Etxebarria (eds.) . *Theoretical Issues at the Morphology-Syn-*

tax Interface. Bilbao: Supplements of the International Journal of Basque Linguistics and Philology, 1997.

Deleuze, G. How do we recognize structuralism? In D. Lapoujade (eds.) . *Desert Islands and Other Texts* (1953 – 1974) . M. Taormina (trans.) . New York: Semiotext (e), 1967/2004.

Derrida, J. Structure, sign, and play in the discourse of the human Sciences. In R Macksey & E. Donato (eds.) . *The Structuralist Controversy: The Languages of Criticism and the Sciences of Man.* Baltimore: Johns Hopkins University Press, 1966/1970.

Diehl, C. The empty space in structure: theories of the zero from Gauthiot to Deleuze. *Diacritics*, 2008.

Dirven, R. Conversion as a conceptual metonymy of event schemata. In K. Panther & G. Radden (eds.) . *Metonymy in Language and Thought.* Amsterdam/Philadelphia: John Benjamins Publishing House, 1999.

Dixon, R. M. W. & Aikhenvald, A. Y. *Changing Valency: Case Studies in Transitivity.* Cambridge: Cambridge University Press, 2000.

Dixon, V. J. Worldviews and research methodology. In L. King, V. J. Dixon & W. W. Nobles (eds.) . *African Philosophy: Assumption and Paradigms for Research on Black Persons.* Los Angeles: Fanon R & D Center, 1976.

Dixon, V. J. The di-unital approach to 'Black economics' . *The American Economic Review* , No. 2, 1970.

Dowty, D. R. *Word Meaning and Montague Grammar.* Dordrecht: Reidel, 1979.

Dryer, M. S. Indirect objects in Kinyawanda revisited. In D. Perlmuter (ed.) . Studies in Relational Grammar, Vol. 1. Chicago: University of Chicago Press, 1983.

Epstein, S. D. Unprincipled syntax and the derivation of syntactic relations. In S. Epstein & N. Hornstein (eds.) . *Working Minimalism.* Cambridge, Mass. : MIT Press, 1999.

Epstein, S. D. & Hornstein, N. Introduction. In S. D. Epstein, & N. Hornstein (eds.) . *Working Minimalism.* Cambridge, Mass. : MIT Press, 1999.

Fodor, J. A. Three reasons for not deriving "kill" from "cause to die". *Linguistic Inquiry*, 1970.

Fodor, J. A. *Concepts: Where Cognitive Science Went Wrong*. Oxford: Oxford University Press, 1998.

Fodor, J. A. & Lepore, E. The emptiness of the lexicon: reflections on James Pustejovsky's *The Generative Lexicon*. *Linguistic Inquiry*, 1998.

Fodor, J. A. & Lepore, E. Impossible words. *Linguistic Inquiry*, 1999.

Gary, J. O. & Keenan, E. L. On collapsing grammatical relations in Universal grammar. In P. Cole & J. M. Sadock (eds.). *Grammatical Relations (Syntax and Semantic 8)*. New York: Academic Press, 1977.

Gauthiot, R. note sur le degré zéro. In D. Barbelenet, G. Dottin, et al. (eds.). *Mélanges linguistiques offerts à M. Antoine Meillet*. Paris: Klincksieck, 1902.

Georgala, E., Paul, W. & Whitman, J. Expletive and thematic applicatives. In C. B. Chang & H. J. Haynie (eds.). *Proceedings of the 26th West Coast Conference on Formal Linguistics*. Somerville, Mass.: Cascadilla Proceedings Project, 2008.

Gerdts, D. B. *Object and Absoluive in Halkomelem*. New York: Garland, 1988.

Gerdts, D. B. Morphologically mediated profiles. *Berkely Linguistics Society*, 1992.

Gerdts, D. B. Halkomelem directional applicatives. *Papers for the 39th International Conference on Salish and Neighboring Languages*. UBCWPL, 2004.

Gleitman, L. & Papafragou, A. Language and thought. In K. Holyoak & R. Morrison (eds.). *Cambridge Handbook of Thinking and Reasoning*. Cambridge: Cambridge University Press, 2005.

Guerssel, M., Hale, K., Laughren, M., Levin, B. & White E. J. A cross-linguistic study of transitivity alternations. *Papers from the Parasession on Causatives and Agentivity*. Chicago Linguistic Society, 1985.

Hale, K. & Keyser, S. J. On argument structure and lexical expression of syntactic relations. In K. Hale & S. J. Keyser (eds.). *The View from Building 20: Essays in Linguistics in Honour of Sylvain Bromberger*. Cambridge,

Mass. : MIT Press, 1993.

Hale, K. & Keyser, S. J. On the complex nature of simple predicators. In A. Alsina, J. Bresnan & P. Sells (eds.) *Complex Predicates*. Standford, Calif. : CSLI Publications, 1997.

Hale, K. & Keyser, S. J. A response to Fodor & Lepore, "Impossible words?". *Linguistic Inquiry*, 1999.

Harley, H. Denominal verbs and Aktionsart. In L. Pylkanen & A. van Hout (eds.) . *Proceedings of the 2nd Penn/MIT Roundtable on Event Structure*. Cambridge, Mass. : MITWPL, 1999.

Harley, H. How do verbs get their names? Denominal verbs, manner incorporation and the ontology of verb roots in English. Unpublished paper, University of Arizona, 2003.

Hornstein, N. *Understanding Minimalism*. Cambridge: Cambridge University Press, 2005.

Huang, C. – T. James. On lexical structure and syntactic projection. *Chinese Languages and Linguistics* 3. Taipei: Academia Sinica, 1997.

Huang, C. T. , Li, Y. H. & Li, Y. F. *The Syntax of Chinese*. Cambridge: Cambridge University Press, 2009.

Hauser, M. D. , Chomsky, N. & Fitch, W. T. The Faculty of language: what is it, who has it, and how did it evolve? *Science*, 2002.

Jackendoff, R. *Semantic Structures*. Cambridge, Mass. : MIT Press, 1990.

Jakobson, R. Signe zéro. In F. Lettres (eds.) . *Mélanges de Linguistique Offerts à Charles Bally*. Université de Genève. Geneva: Georg et Cie. 143 – 52. reprint. *Selected Writings*, 1939.

Jakobson, R. & Lotz J. Notes on the French phonemic pattern. *Word*, 1949.

Jeong, Y. *The Landscape of Applicatives*. Doctoral dissertation. University of Maryland, 2006.

Kastovsky, D. Typological differences between English and German morphology and their causes. In T. Swan, E. Mørck & O. J. Westvik (eds.) . *Language Change and Language Structure: Older Germanic Languages in a*

Comparative Perspective. Berlin: Walter de Gruyter, 1994.

Katz, J. J. & Fodor, J. A. The structure of semantic theory. *Language*, 1963.

Katz, J. J. & Postal, P. M. *An Integrated Theory of Linguistic Descriptions*. Cambridge, Mass. : MIT Press, 1964.

Kaufmann, I. What is an (im) possible verb? Restrictions on Semantic Form and their consequences for argument structure. *Folia Linguistica*, 1995.

Kelly, M. H. Rule-and idiosyncratically – derived denominal verbs: effects of language production and comprehension. *Memory & Cognition*, 1998.

Kiparsky, P. Remarks on denominal verbs. In A. Alsina, J. Bresnan & P. Sells (eds.) . *Complex Predicates*. Stanford: CSLI Publications, 1997.

Kitahara, H. *Elementary Operations and Optimal Derivations*. Cambridge, Mass. : MIT Press, 1997.

Kiparsky, P. Lexical morphology and phonology. In I. – S. Yang (ed.) . *Linguistics in the Morning Calm*: *Selected Papers from SICOL* – 1981. Seoul: Hanshin, 1982.

Lahey, M. What is language? In M. Lahey (ed.) . *Language Disorders and Language Development*. London: Collier Macmillan, 1988.

Lakoff, G. Linguistics and natural logic. *Synthese*, 1970.

Lakoff, G. On generative semantics. In D. D. Steinberg & L. A. Jakobovits (eds.) . *Semantics*. Cambridge: Cambridge University Press, 1971.

Lakoff, G. Toward generative semantics. In J. D. McCawley (ed.) . *Syntax and Semantics 7*: *Notes from the Linguistic Underground*. New York: Academic Press, 1976.

Larson, R. On double object constructions. *Linguistic Inquiry*, 1988.

Lasnik, H. & Uriajereka, J. *A Course in Minimalist Syntax*. Oxford: Blackwell Publishing Ltd, 2005.

Levin, B. & Rappaport Hovav, M. Wiping the slate clean: a lexical semantic exploration. In B. Levin & S. Pinker (eds.) . *Cognition* 41 (Special issue on lexical and conceptual semantics), 1991.

Levin, B. & Rappaport Hovav, M. Unaccusativity: *At the Syntax-Lexical Seman-*

tics Interface. Linguistic Inquiry Monograph 26. Cambridge, Mass. : MIT Press, 1995.

Lévi-Strauss, C. *Introduction to the Work of Marcel Mauss.* F. Baker (trans.) . London: Routledge, 1950/1987.

Li, Y. X^0: *A Theory of the Morphology – syntax Interface.* Cambridge, Mass. : MIT Press, 2005.

Li, Y. – H. *Order and constituency in Mandarin Chinese.* Dordrecht: Kluwer, 1990.

Liao, W. & Shi, D. To pronounce or not to pronounce: locating silent heads in Chinese and English. *Studies in Chinese Linguistics*, 2013.

Lieber, R. The suffix-ize in English: implications for morphology. In S. Lapointe, D. Brentari & P. Farrel (eds.) . *Morphology and its Relation to Phonology and Syntax.* Stanford, Calif. : CSLI, 1998.

Lieber, R. & Baayen, R. H. Verbal prefixes in Dutch: a study in lexical conceptual structure. In Booij, G. E. & van Marle, J. (eds.) . *Yearbook of Morphology.* Dordrecht: Kluwer Academic Publishers, 1993.

Lin, J. *Event Structure and the Encoding of Arguments: The Syntax of the Mandarin and English Verb Phrase.* Doctoral Dissertation. Massachusetts Institute of Technology, 2004.

Lin, Jo – W. Some remarks on accomplishment in Chinese. Paper presented at the third International Conference on Formal Linguistics and the Second Yuelu Language Acquisition Workshop, Hunan University, Changsha, China, 2005.

Lin, T. – H. Jonah. *Light Verb Syntax and the Theory of Phrase Structure.* Doctoral Dissertation. University of California, Irvine, 2001.

Mabugu, P. Accommodating recalcitrant data within an analysis of Chishona applicatives. Paper presented at the Edinburgh Postgraduate Conference, 2000.

Machibane, M. Some Restrictions on the Sesotho Transitivizing Morphemes. Doctoral dissertation. McGill University, 1989.

Mahajan, A. Universal grammar and the typology of ergative languages. In A. Alexiadou & T. A. Hall (eds.) . *Studies on Universal Grammar and Typological Variation.* Amsterdam: John Benjamins, 1997.

Mai, H – Y. *Applicative Constructions in Southern Min.* Master thesis. National Tsing Hua University, Taiwan, 2007.

Marantz, A. Implications of asymmetries in double object constructions. In S. Mchombo (ed.) . *Theoretical Aspects of Bantu grammar.* Stanford, California: CSLI, 1993.

Marchand, H. On a question of contrary analysis with derivationally connected but morphologically uncharacterized words. *English Studies*, 1963.

Martinet, A. *L'économie des changements phonétiques.* Berne: A. Francke, 1955.

McCawley, J. D. *Grammar and Meaning.* New York: Academic Press, 1976.

McGinnis, Martha. Variation in the syntax of applicatives. Linguistics Variation Yearbook (1), 2001.

Mchombo, S. , & Firmino, G. Double object constructions in Chichewa and Gitonga: a comparative analysis. *Linguistic Analysis*, 1999.

Mei, T – L. The causative and denominative functions of the s-prefix in Old Chinese. *Proceedings on the Second International Conference on Sinology* (section on Linguistics and Paleography) . Academia Sinica, Taipei, 1989.

Montague, R. *Formal Philosophy: Selected Papers of Richard Montague.* R. H. Thomason (ed. and with an introduction) . New Haven/London: Yale University Press, 1974.

Myers, S. Zero-derivation and inflection. In *MIT Working Papers in Linguistics 7: Papers from the January 1984 MIT Workshop in Morphology.* Department of Linguistics and Philosophy, MIT, Cambridge, Mass, 1984.

Nida, E. A. A system for the description of semantic elements. *Word*, 1951.

Nida, E. A. Traslating Meaning. San Dimas, California: English language Institute, 1982.

Pāṇini. *Ashtādhyāyī (Book* 4) . Chandra Vasu (trans.) . Benares, 1896.

Paul, W. & Whitman, J. Applicative structure and Mandarin ditransitives. In M. Duguine, S. Huidobro & N. Madariaga (eds.) . *Argument Structure and Syntactic Relations: A Cross-linguistic Perspective.* Amsterdam: John Benjamins, 2010.

Perlmutter, D. Impersonal passives and the Unaccusative Hypothesis. In *Proceedings of the Fourth Annual Meeting of Berkeley Linguistic Society*, 1978.

Perlmutter, D. & Postal, P. Some proposed laws of basic clause structure. In D. Perlmuter (ed.). *Studies in Relational Grammar*, Vol. 1. Chicago: University of Chicago Press, 1983.

Pesetsky, D. *Zero Syntax: Experiencers and Cascades*. Cambridge, Mass.: MIT Press, 1995.

Peterson, D. A. *Applicative Constructions*. Oxford: Oxford University Press, 2007.

Plag, I. *Word Formation in English*. Cambridge: Cambridge University Press, 2002.

Polinsky, M. Applicative constructions. In M. Haspelmath, M. S. Dryer, D. Gil & B. Comrie (eds.) *The World Atlas of Language Structures*. Online. Munich: Max Planck Digital Library. Chapter 109. Available online at http://wals.info/feature/description/109, 2008.

Postal, P. M. The best theory. In S. Peters (ed.). *Goals of Linguistic Theory*. Englewood Cliffs, NJ: Prentice-Hall, 1972.

Pustejovsky, J. *The Generative Lexicon*. Cambridge, Mass.: MIT Press, 1995.

Pustejovsky, J. Generativity and explanation in semantics: a reply to Fodor and Lepore. *Linguistic Inquiry*, 1998.

Pylkkänen, L. *Introducing Arguments*. Doctoral dissertation. Massachusetts Institute of Technology, 2008.

Pylkkänen, L. *Introducing Arguments*. Cambridge, Mass.: MIT Press, 2008.

Quirk, R. *A Comprehensive Grammar of the English Language*. Harlow: Longman Group Ltd, 1985.

Radford, A. *Minimalist SyntaxRevisited*. Manuscript, University of Essex, UK, 2006.

Ross, J. R. *Constraints on Variables in Syntax*. Doctoral dissertation. Massachusetts Institute of Technology, 1967.

Ross, C. Aspectual category shift. *Journal of Chinese Linguistics*, 2002.

Rothstein, S. *Structuring Events: A Study in the Semantics of Lexical Aspect*. Oxford: Blackwell Publishing Ltd, 2004.

Sagart, L. *The Roots of Old Chinese*. Amsterdam/Philadelphia: John Benjamins

Publishing Company, 1999.

Sapir, E. *Language: An Introduction to the Study of Speech*. New York: Harcourt, Brace and Company, 1921.

Sapir, E. In L. Spier, A. I. Hallowell & S. S. Newman (eds.), *Language, Culture and Personality: Essays in Memory of Edward Sapir*. Menasha, WI: Sapir Memorial Fund, 1941.

Saussure, F. Course in General linguistics. C. Bally & A. Sechehaye (eds.). R. Harris (trans.). london: Duckworth, 1983.

Shen, L. Aspect agreement and light verbs in Chinese: a comparison with Japanese. *Journal of East Asian Linguistics*, 2004.

Slobin, D. I. From "thought and language" to "thinking for speaking". In J. J. Gumperz & S. C. Levinson (eds.). *Rethinking Linguistic Relativity*. Cambridge: Cambridge University Press, 1996.

Stroik, T. On the light verb hypothesis. *Linguistic Inquiry*, 2001.

Tai, J. H – Y. Category shifts and word-formation redundancy rules in Chinese. *Zhong Guo Jing Nei Yu Yan Ji Yu Yan Xue*, 1997.

Thompson, E. The structure of bounded events. *Linguistic Inquiry*, 2006.

Travis, L. Parameters and Effects of Word Order Variation. Doctoral dissertation. Massachusetts Institute of Technology, 1984.

Tsai, W. – T. Four types of affective constructions in Chinese. Paper presented in FOSS – 5, National Kaohsiung Normal University, Taiwan, 2007.

Tsai, W. – T. Ins and outs: evidence from adverbials, applicatives, light verbs, and object fronting in Chinese. Lecture, Peking University, 2008.

Tsai, W. – T. High applicatives are not high enough: a cartographic solution. Paper presented in FOSS – 6, National Taiwan Normal University, Taiwan, 2009.

Tyler, L. J. *The Syntax and Semantics of Zero Verbs: A Minimalist Approach*. Doctoral dissertation. University of Florida, 1999.

Ura, H. *Multiple feature—checking*. Doctoral dissertation. Massachusetts Institute of Technology, 1996.

Vendler, Z. *Linguistics in Philosophy*. Ithaca: Cornell University Press, 1967.

von Humboldt, W. *On Language: On the Diversity of Human Language Construction and its Influence on the Mental Development of the Human Species.* Edited by. Michael Losonsky, translated by Peter Heath and introduced by Hans Aarsleff. Cambridge: Cambridge University Press, 1936/1999.

Wierzbicka, A. *Semantic Primitives.* Frankfurt: Athenäum, 1972.

Wierzbicka, A. *Semantics: Primes and Universals.* Oxford: Oxford University Press, 1996.

Wikipedia. Swahili language. online. http://en. wikipedia. org/wiki/Swahili_language.

Wittgenstein, L. *Tractatus Logico – Philosophicus* (Logical – Philosophical Treatise). London: Routledge, 1922.

Wolff, P. & Holmes, K. J. Linguistic relativity. *WIREs Cognitive Science: Advanced Review*, Vol. 2, 2011.

Whorf, B. L. The relation of habitual thought and behavior to language. In *Language, Thought and Reality: Selected Writings of Benjamin Lee Whorf.* Edited and with an introduction by John B. Carroll, foreword by Stuart Chase. Cambridge, Mass. : MIT Press, 1956.

Wunderlich, D. Cause and the structure of verbs. *Linguistic Inquiry*, 1997a.

Wunderlich, D. Argument extension by lexical adjunction. *Journal of Semantics*, 1997b.

Wunderlich, D. Argument hierarchy and other factors determining argument realization. Paper presented at Conference on Semantic Role Universals, Leipzig, 2002.

Wunderlich, D. Argument hierarchy and other factors determining argument realization. In I. Bornkessel, M. Schlesewsky, B. Comrie & A. D. Friederici (eds.) . *Semantic Role Universals and Argument Linking: Theoretical, Typological, and Psycholinguistic Perspectives.* Berlin/New York: Mouton de Gruyter, 2006a.

Wunderlich, D. Towards a structural typology of verb classes. In D Wunderlich (ed.) . *Advances in the Lexicon.* Berlin: Mouton de Gruyter, 2006b.